(S)新潮新書

佐藤健太郎
SATO Kentaro

番号は謎

873

新潮社

まえがき

番号が好き

以前筆者は、『国道者』と題する書籍を出したことがある。全国の国道を走り回り、標識の写真を撮影して回るのが、筆者の何よりの楽しみなのだ。

という話をすると、多くの人に妙な顔をされ、国道マニアとは初めて聞くが、鉄道や高速道路には興味がないのか、という質問が飛んでくる。実のところ、筆者はどういうわけかこれらには全く興味がない。こんなことを言うとその方面のマニア諸氏には怒られそうだが、鉄道や高速道路に乗って回ることの一体何が楽しいのか、筆者にはまるで想像がつかないのである。

では、何が違って国道には「萌え」を感じるのだろうか。はたと気づいたのが、国道には番号がついているという点だ。どうやら自分は、1から順に番号がついているものが好きらしい。筆者はもともと化学の研究者であった。化学の基礎である周期表は、まさしく元素が1番から順に並んだものだ。野球も好きだが、選手の顔は覚えていないのに、背番号だけ覚えていたりする。なるほど自分は番号フェチであったか、と今さらのように気づいたのであった。

そんな筆者にとって幸いなことに(?)、現代社会は番号で溢れかえっている。試しに机の上にあったティッシュペーパーの箱を見てみたら、商品番号、ロット番号、バーコード、製造元の住所の番地、本社の電話番号、お客様相談室の電話番号と、六種もの番号が印字されていた。

我々自身も、この世に生まれ落ちたとたんに、頼みもしないのに住民票コードやマイナンバーなる数字を付与される。入学すれば出席番号や学籍番号、就職すれば社員番号が渡される。いざというときには、健康保険証番号、基礎年金番号、パスポート番号その他が必要だ。財産を持てば口座番号、カード番号に暗証番号が必要になるし、図書館やラーメン屋、美容室に至るまで、あらゆる店やサービスが我々に会員番号をつけてくれる。車など持とうものなら、カーナンバーに車台番号、保険番号にETCカード番号と、数え切れないほどの番号が押し寄せてくる。一人の人間に関連した番号を全てリストアップしたら、その数はおそらく数千、もしかすれば万の単位に達するのではないか。我々は番号に埋もれるように生活し、情報社会の進展に従ってその種類はなお増え続けている。

でありながら、番号というものにほとんど誰も目を向けることはない。実際、この本の執筆にあたっていろいろ資料を調べてみたが、番号そのものについて書いた本や記事は、驚くほどに少ない。番号は身の回りに溢れ過ぎ、空気のように誰も関心を払わなくなっている。

しかし、番号について詳しく調べてみると、面白いこと、知っていると役に立つことはいろいろとある。たとえば運転免許証には一二桁の番号が印字されており、これにはきちんと意味がある。最初の二桁は、免許証を発行した都道府県を表す。東京で免許を取った人は30、大阪なら62となっているはずだ。そして三・四桁目は、免許を取得した年（西暦の下二桁）。そして最後の桁は、紛失や盗難によって再発行された回数を示している。この数字が3だの4だのになっている人はよほどのうっかり者で、安心して仕事を任せられない人かも、なんてことになるかもしれない。免許証の番号だけで、持ち主についてずいぶん多くの情報がわかってしまうわけだ。

というわけで本書では、身の回りの番号に関する謎にいろいろな角度から迫り、身近でありながら注意を払われない番号というものについて、いろいろと考察をしてみたいと思う。

番号という文化

番号は、いつごろ発生したのだろうか? 古代メソポタミアでは、紀元前三〇〇〇年ごろから粘土板への文字記録が始まり、その中にはページ番号に相当する数字が刻まれたものがある。徴税や奴隷の管理にも番号が使われていたし、現存する世界最古の法典であるウル・ナンム法典(紀元前二一〇〇年頃)も、第1条から第57条までが存在したとされる。番号の登場は、人類の文明が誕生すると同時だったといっていいだろう。

番号を使うメリットは、誰にでも順序を整理して伝えられる、明瞭さにある。たとえば近年、大都市近郊の駅や、高速道路の路線に、番号が振られることとなった。東京メトロ神楽坂駅はT05、東名高速道路はE1といった具合だ。これらはもちろん、来日する観光客や滞在者の増加に対応した施策だ。アルファベットと数字ならば、行き先の難しい駅名など読めなくとも、目的地が何駅先にあるのか一目瞭然に把握できる。

多くのスポーツで取り入れられている背番号も、遠くの観客席から選手を明瞭に見分けるための工夫だ。このため背番号が取り入れられているのは、サッカーやバスケットボールなど動きが激しいものや、野球などフィールドの広い団体競技だ。テニスやゴルフなどの個人競技ではほとんど背番号は使われないが、マラソンなど参加者の多い競技ではナンバーカードが使われることもある。

聖書も、「ヨハネによる福音書3章16節」といった具合に、細かく節ごとに分けられている。この区分は当初からあったわけではなく、現在の形に章立てしたのは13世紀初頭の神学者スティーヴン・ラングトン、節に分けたのが16世紀の学者で印刷業者のロベール・エティエンヌといわれる。こうして細かく区分して数字で整理することにより、聖句の引用が格段に行ないやすくなったのだ。この優れた工夫はすぐに普及し、現在では世界中の聖書で取り入れられている。

番号の分類

番号にも、さまざまなタイプがある。大きく分けるなら、以下のようになるだろうか。

(1) 通し番号型

会員番号、駅のホーム番号などのように、1から順番につけられてゆく番号で、最も一般的なものといえる。

(2) 分類番号型

図書の分類に使われる十進分類法などのように、数字を用いて階層的に対象を分類するための番号だ。

(3) 情報表示型

年月日や地域などの情報を表すもの。市外局番や国番号などがこれに相当する。知識のある者には、番号のみから内容を読み取れる。

(4) 複合型

上記(1)(2)(3)を複合してひとつの番号にしたもの。先の運転免許証番号などがこれに当たる。電話番号なども、全体として複合型とみなすことができる。

（5）型番型

アルファベットや数桁の数字などの組み合わせにより、製品を特定するための番号。単純な通し番号ではなく、製造者が自由に数字を選んでつけることができる。場合によっては、数字がその製品のステータスを表現することもある。

番号と人間心理

このように、番号が用いられるのは、すぐには数え切れないほど多くの対象を、ひとつひとつ区別して管理する必要が生じたときだ。つまり番号とは支配者、管理者が用いるものであり、本質的に上から目線のものだといえる。

番号で呼ばれ、扱われることは、そのものが持つ性質、履歴、手触り、能力、雰囲気などの一切を削ぎ落とされ、数字という最小限の情報に圧縮されてしまうことだ。このため、人に対して番号がつけられることには、心理的な反発が伴う。たとえば米国メジャーリーグで背番号が導入された当初は、「番号をつけられるなど囚人のようだ」として、選手たちの反発が強かったという。

堀江貴文氏が開発に携わったトークアプリは「755」と名づけられているが、これは彼の刑務所時代の囚人番号なのだという。名前でなく単なる番号で扱われるという体験は、かのホリエモンの鋼鉄のメンタルにも、浅からぬ傷を残したと見える。人は、意味を持たぬ数字に自分が押し込まれてしまうことに、耐えられぬ屈辱を覚える生き物らしい。

一方で、番号という仕組みが受け入れられ、馴染んでくると、単なる数字にステータスが生じるというのも面白いところだ。日本のプロ野球において、10番台が主力投手の番号とされ、中でも18番がエースピッチャーの背負う背番号となっているのはその典型例だ。サッカー選手の10番、バスケットボールでの23番（マイケル・ジョーダンの背番号）など、番号は選手とファン双方にとって憧れと思い入れの対象になっている。

秩序と混沌の戦い

番号とは、多数の人や物を秩序のもとに取り込み、管理するためのものだ。しかし、秩序というものは、放っておけば必ず破綻の方向へ進む。番号を与えて全体を統御したつもりでも、対象が増加したり制度が変わったりで、既存の番号システムに当てはまらないものがいつか現れる。

管理者としてはこれを放置できないから、桁数を増やしたり付番方法を変更したり、あるいはアナーキーにもゼロ番を持ち出したりして、何とかはみ出し者をシステムに組み込もうとする。しかしそのシステムもいつか破れ……といういたちごっこが繰り返されたりもする。番号を利用する立場からはわかりづらい部分でもあり、その歴史を追う者からは、大きな「見どころ」でもある。

その他、一見すると無味乾燥な番号に、ドラマが秘められていることも数多い。本書では、奥深く不思議な番号の世界を紐解いていくとしよう。

番号は謎●目次

1　一〇桁は田舎者の象徴？——電話番号

177番は大隈重信

身の回りで使われる番号は数多いが、中でもなじみ深いものとして電話番号がある。本書のトップバッターとして、まずは電話番号の歴史とトリビアを取り上げてみよう。

グラハム・ベルによって電話が発明されたのは、一八七六（明治九）年のことだ。この画期的発明はあっという間に普及し、わずか五年の間に加入者は全米で七万人を超えたという。電話番号が誕生したのは一八七九（明治一二）年、米国ボストンにおいてであった。提案者は、ベルの友人で電話会社への投資者でもあった、M・G・パーカーという医師であった。

我が国ではどうだったかといえば、電話発明のわずか二年後に、早くも国産電話機が製作されたという。新しいものを一刻も早く取り入れ、欧米に追いつき追い越さんとする明治人の意気込みが、こんなところからも伝わってくる。

日本で電話事業が開始されたのは一八九〇（明治二三）年で、当初から番号が導入され、電話帳も発行された。といっても当初の電話帳は紙一枚で、東京で２６９番まで、横浜で60番まで（31〜59は欠番）の加入者番号が掲載されている。東京の１番は東京府庁、２番は逓信省電務局、３番は司法省と、お役所が先頭を占めているのはいかにも明治期らしい。

７番以降は民間企業や個人が並び、三井物産や日本郵船など現在まで続く企業の名も見られる。個人では渋沢栄一、岩崎弥太郎、後藤象二郎など政財界の大立者の名があり、電話を持つことがステータスであったことを偲ばせる。

現在では天気予報に使われている１７７番は、この時代には大隈重信の番号であった。帝国ホテルは２２２番で、企業や商店が覚えやすい電話番号を取得する例の第一号かもしれない。ちなみに１１１番は電話所、今でいう公衆電話に充てられていた。

文明堂の戦略

その後、電話の加入者は順調に拡大し、使用可能な地域も広がっていく。昭和初期には、東京の加入者は一〇万人を突破し、その数だけ配布された電話帳は、広告媒体として大きな力を持つようになった。一九三一（昭和六）年には、官製の電話帳が広告掲載を開始する。これに目をつけ、フルに活用したのがカステラの文明堂であった。

文明堂といえば「天国と地獄」のメロディに乗せて人形が踊る、懐かしいテレビCMが有名だが、実はそのはるか前からアイディア商法の先駆者であった。実演販売や二割増量のおまけ商法に加え、皇室御用達となって高級ブランドのイメージ作りを行なうなど、時代を先取りする戦略を次々打ち出した。そして彼らは広告の分野でも、斬新な手法を採用している。

文明堂は電話帳の裏表紙全面を買い取り、「カステラ一番、電話は二番」という有名なキャッチフレーズを大きく掲載したのだ。このフレーズは、当時大阪で繁盛していたすき焼き店の「肉は一番、電話は二番」という売り文句にヒントを得たものだという。広告料は三〇〇〇円だったというから、今の価格に直せば約二〇〇〇万円に相当する。各電話局の2番の番号の買い取り費用もかかったから、当時としては桁外れの投資額であったはずだ。しかしその後の経過を見れば、文明堂の戦略は大成功であったといえよう。番号というものが創り出す莫大な価値に誰よりも先に気づいたという意味で、彼らはまさに先駆者であった。現在では文明堂はいくつかの会社に分かれているが、多くの社で電話番号下四桁を「0002」あるいは「2222」とし、伝統を守っている。

その後も、商品との語呂合わせなど覚えやすい電話番号を取得し、ビジネスの成功に結びつけた例は数知れない。各店舗の電話番号下四桁を0101に統一した丸井グループ、8並びの電話番号を採用したダック引越センター、「よい風呂」に引っ掛けて4126番を採用したハトヤホテルなどが代表的な例だ。これらの電話番号を使っていなければ、今の彼らの隆盛はおそらくなかっただろうから、時に番号というものは企業や人間の行く末さえ変えてしまうのだ。

近年では、携帯電話が番号を記憶してくれるし、電話番号を直接必要としない各種SNSも普及しているから、良番の価値は低落気味だ。それでもゾロ目番号や連番などの覚えやすい番号は、数百万円以上の価格で取引されることも多い。携帯電話の090－1234－5678番は、なんと五五〇〇万円で取引されるという。単なる数字の並びに、家一軒分もの価値が生じるというのも不思議なことではある。良番には、理屈を超えて人を引きつける魔力があるのだろう。

増えてゆく桁数

明治初期にはシンプルな数字三桁でしかなかった電話番号も、加入者数が増えるに従い、「日本橋局のXXX番」といった表記になっていく。そして大きな変革のきっかけとなったのが、一九二三（大正一二）年の関東大震災だった。首都を襲った巨大地震と火災により、多くの電話局が焼失し、機能が停止してしまったのだ。このため、当時の逓信省は新型の自動交換機を導入、同時に電話番号も一新されることになった。その際、日本橋局が23、浅草局が84などと番号が振られたのが、局番の始まりであるようだ。

そして一九六一（昭和三六）年、電話番号の大規模な整理が行なわれ、現在と同じ形式の市外局番と市内局番が導入された。この時、原則として電話番号の桁数は全部で一〇桁になるように設定された。市外局番が四桁なら市内局番が二桁、加入者番号が四桁といった具合だ（ただし東京と大阪などは例外で、全部で九桁の番号となっていた）。

市外局番は、二桁は東京都区内（03）と大阪中心部（06）、三桁は横浜（045）、名古屋（052）、京都（075）、福岡（092）などの大都市、四桁はその他の市、五・六桁は郡部や離島といった具合に、だいたいの区分けがなされていた（なお市外局番の先頭の0は「国内プレフィックス」といい、国内通話であることを示す記号なので、厳密には市外局番の一部ではない。ただしここでは一般的な表記に従い、先頭の0を市外局番の桁数に含めている)。

このように、市外局番の桁数はその町の田舎度合いを表す指標ともなった。東京都狛江市出身の筆者の知り合いは、狛江というのは一体どこにあるのだと聞くと顔を赤くして怒り、狛江は都会だ、なぜなら市外局番が都内と同じ「03」だからだ、と力説するのが常であった。また、ロックバンド・爆風スランプのデビュー曲である「週刊東京『少女A』」には、「教えられないわ　一〇桁もあるテレフォンナンバー」という歌詞が出てくる。この曲が発売された一九八四(昭和五九)年当時は、全国ほとんどのエリアで電話番号は一〇桁だったが、東京二三区内は九桁であった。この歌の主人公は、毎週末に地方から東京に遊びに来る少女なのだが、ナンパをされても一〇桁の電話番号を教えると田舎者なのがばれてしまう、という内容だ。現在の一一桁の携帯電話番号に慣れた世代には、注釈がないと意味がわからない歌詞だろう。

なお東京都内の固定電話も、番号の枯渇に対応するため、一九九一(平成三)年に全て一〇桁化された。それまで「03-XXX-XXXX」であった番号は、市内局番の頭に「3」をつけて、「03-3XXX-XXXX」と変えられたのだ。数百万台の電話番号が一斉に変更となる一大プロジェクトで、多数のCMなども打たれたからご記憶の方も多いことだろう。この時につけた数字がなぜ「3」だったかといえば、市外局番の「03」を押した後に、プッシュホンで続けて押しやすいように、という配慮であったらしい。このあたり、少しでもスムーズにという管理側としての苦心が見て取れる。

その他、神奈川県箱根町、岐阜県高山市などに例外的に九桁番号が残っていたが、これらも二〇〇七（平成一九）年二月をもって一〇桁化され、全国から九桁の電話番号は消滅した。携帯電話の番号は一一桁となっているが、後述のようにまだ余裕はあるので、一二桁の登場はまだ先の事になりそうだ。

枯渇対策

しかし近年、やはり固定電話の番号枯渇対策のため、市外局番の桁数を減らして、市内局番の先頭へその数字を移す変更が行なわれるようになった。たとえば茨城県水戸市内の電話番号は、かつて「0292-XXX-XXXX」という形であったものが、一九九五（平成七）年以降は「029－2XXX－XXXX」と変更された。

一見、全く意味のない変更のようだが、実はこれによって使える番号が大幅に増えるのである。市内局番の先頭には、0と1が使えないためだ。0で始まる番号は市外局番と認識されてしまうし、1で始まる番号は110番や119番などの特別なサービスに限定されている。先の水戸市の場合を例に取れば、市外局番の2を移すことで、今まで使えなかった029－20XX－XXXXや029－21XX－XXXXの番号が利用可能になる。これにより、既存の電話番号を実質上変更することなく、一挙に二〇万件もの余裕が作れるわけだ。

こうした変更が進んだことにより、現在では六桁の市外局番は消滅した。最後まで残ったのは北海道滝上町で、市外局番が01582 9、市内局番は無しであったものが、二〇〇六（平成一八）年三月をもって市外局番が0158、市内局番が29と改められたのだ。この改定により、市内局番無しのエリアも国内から消滅した。

二一世紀に入ってからは、新たな二桁市外局番として「04」が登場した。しかしこの04という市外局番はなかなかややこしく、埼玉県所沢市、千葉県の我孫子市・柏市・鴨川市などに飛び飛びに割り振られている。川崎市（０４４）や横浜市（０４５）を差し置いて、大都市の象徴である二桁市外局番がこれらの市に割り振られたのは、ちょっと不思議に思えるところだ。

実は、鴨川市の元の市外局番は０４７０、柏市は０４７１であった。前述の通り、市内局番の先頭に０と１は使用不可だから、これらの末尾一桁を市内局番に移す方法は使えない。やむなく末尾二桁を移動させ、０４という二桁市外局番が誕生したのだ。なお所沢市の場合は、人口増加によって０４２という市外局番が満杯になったため、末尾の２を移す措置が取られた結果だ。

というわけで、同じ市外局番を用いてはいるものの、たとえば柏から所沢への通話は市外通話扱いとなるし、ダイヤルの際に市外局番の０４を省くこともできない。こうした管理者の苦悩、システムの歪みの痕跡を見つけるのが、番号好きのちょっとした楽しみである、といえば少々悪趣味だろうか。

市外局番あれこれ

市外局番は先頭の０を含めて二〜五桁の数字で構成されるが、他の様々なサービスに割り当てられていて、使えない番号も多い。たとえば００で始まる番号は事業者識別番号、すなわちＮＴＴ以外の通信業者を指定するために用いられる（国際電話の００１や００８８など）。

また、０Ｘ０は固定電話以外のサービスに割り当てられている。携帯電話には０８０、０９０が用いられてきたが、これでは足りなくなってきたため、それまでＰＨＳ用であった０７０も携帯電話用に使われるようになった。しかしこれでも近く番号が枯渇すると見られ、０６０の開放を現在検討中だ。

０ＸＹ０型の番号は、特殊な通信サービスのために用いられる（ただし宮城県登米市が０２２０、静岡県御殿場市が０５５０のように、市外局番に用いられている例外もある）。一番有名なのはフリーダイヤルの０１２０だろうが、ナビダイヤル（統一の電話番号から、ガイダンスを通じて複数の番号に通話先を振り分けるシステム）の０５７０なども時々見かける。また平成の初め頃に、０９９０で始まる「ダイヤルＱ^2」が一世を風靡したことをご記憶の方も多いだろう。電話による有料情報サービスとして設定されたものの、やがていわゆるテレクラや買春などの温床となり、社会問題に発展した。その後はインターネットの普及によって利用が減少し、０９９０は現在では災害募金用となっている。番号の栄枯盛衰は、時代を映す鏡でもあるのだ。

市外局番にはこれらを除いた番号が用いられるので、先頭は０１１番であり、これは札幌市などに割り当てられている。上二桁が０１番台は北海道から北東北、０２番台は南東北・信越・北関東といった具合に下っていき、九州の０９番台まで続く。青森は０１７番台、秋田が０１８番台といったように、おおむね上三桁がひとつの県に割り当てられているが、鳥取と島根が０８５番台、徳島と高知が０８８番台といったように、二県がまとめられているケースもある。

ちょっと変わった例として、沖縄は近くの鹿児島（０９９番台）でなく、宮崎と０９８番台を共有している。これは一九七二（昭和四七）年の沖縄復帰の際、鹿児島の番号の空きが少なかったため、次に近い宮崎の０９８番台の空き番号が割かれたためだ。ちょっとでも奇妙に見える番号には、やはりたいていそれなりの理由が潜んでいるのである。

はみ出し市外局番

ひとつの市外局番は、多くの場合ひとつまたは複数の自治体の集まりに対応している。

しかし中には、不思議なまとまり方をしている場所もある。市外局番03が、東京二三区プラス狛江市であるのは前述の通りだ（なお、厳密に言えば三鷹市・調布市にも市外局番03のエリアがあり、狛江市内にも市外局番042の場所がある）。これらはみ出し03エリアは、世田谷の電話局から回線を引いていたころの名残だ。

06はもっと不思議で、大阪市・豊中市・吹田市など大阪中核部に加え、なぜか県境を越えた兵庫県尼崎市全域が入っているのだ。これは、工都尼崎の歴史が関係している。同市で最初に電話を引いたのは尼崎紡績（現ユニチカ）で、まだ公共の電話が尼崎に引かれていなかった一八九三（明治二六）年に、自費で大阪への電話線を開設した歴史がある。尼崎は、何度か大阪府への移管の話が持ち上がったほど大阪とのつながりが強いが、これは明治期からのことであったのだ。

こうしたことから、一九六一（昭和三六）年に市外局番が制定されることになった際、尼崎市及び商工会議所は当時の電電公社に対し、大阪と同じ市外局番に編入するよう要請した。電電公社は、工事費用の地元負担という意味合いで、二億円余りの電話債券を引き受けることを条件に、この要求を受け入れた。尼崎市にとっては重い負担であったが、大阪と市内料金で通話できるメリットは大きく、同市の経済発展に大きく寄与したといわれる。

「はみ出し市外局番」にもいろいろなケースがある。先ほど、市外局番04の地域が千葉県柏市、我孫子市、鴨川市、埼玉県所沢市などに散らばって存在していると書いた。だが、茨城県にもごく一部、市外局番が04という場所が存在している。取手市は大半が市外局番0297だが、小堀地区というごく狭いエリアだけが04を使っているのだ。小堀と書いて「おおほり」という読み方もトリッキーなら、市外局番も予測を裏切る、なかなか不思議な場所なのである。

このケースは、実は地図を見るとあっさり謎が解ける。茨城県と千葉県は利根川によって仕切られているが、この小堀地区のみは茨城県でありながら利根川の南側に存在しているのだ。利根川はかつてこの付近で蛇行しており、水害が多かったため、大正時代に流路が直線的に変更された。このため小堀地区は川の南側となり、取手市本体から切り離されてしまったという経緯がある。それでも小堀地区は行政上は取手市に属したままのため、住民たちは何かあると渡し船で対岸へ渡って用を足している。しかし電話回線は茨城側から引くことが難しかったため、便宜上我孫子市の料金区域に組み込まれ、市外局番もこれに従ったのだ。

大阪にもこれと似たケースがある。大阪市東住吉区矢田の一部が大和川を越えて、松原市内に食い込む形になっているため、このエリアだけが０６でなく０７２となっている。また、伊丹空港はほとんどが兵庫県伊丹市に属するが、ターミナル事務所が大阪府豊中市にあるため、市外局番は０６だ。

電話というものは、生活に深く根を下ろしたインフラであり、番号変更は国民の生活に大きな影響を与える。一時の停止も許されない上、地域の発展や新技術の登場によって状況は刻々と変わっていく。様々な技を使い分けつつ、この繊細で重要な通信網を使いやすく保持している、関係者の努力に改めて拍手を送りたい。

2　不思議な順序にはわけがある――郵便番号

不可解な配列

郵便番号も、日常目にする機会が多い番号のひとつだ。しかし郵便番号には、よく観察すると大きな不思議がある。電話の市外局番に比べて、郵便番号はどうにも不可解な順序に並んでいるのだ。

郵便番号の上二桁を見ると、00の札幌市から始まり、01が秋田、02が岩手、03が青森だが、04から09は北海道へ戻る。そして10番台は、いきなり東京へと飛ぶ。20番台は多摩地区・神奈川・千葉、30番台は北関東から長野、以下西へと順次番号が大きくなり、九州が80番台、沖縄が90番台となる。ところが91は福井へジャンプし、新潟の94〜95まで日本海岸を東進する。そして福島が96〜97、宮城が98、山形が99で終わるという、どうにも妙な順序なのだ。この謎に迫るには、郵便番号の歴史を辿っていく必要がある。

日本に郵便番号の導入が検討され始めたのは、一九六四（昭和三九）年のことだ。この頃日本の郵便は年間一〇〇億通に迫っており、郵便局の人手不足が深刻化しつつあった。この解決の切り札として考えられたのが、番号の自動読取区分機であった。すでに郵便番号は世界各国で導入されていたが、日本ではこの番号を機械で読み取り、自動で宛先別に区分するシステムを開発しようと考えたのだ。人手での区分は局内作業時間の七割を占めており、これが効率化できれば劇的なスピードアップが図れる。郵便番号の導入と機械化は、郵便始まって以来の大改革であり、郵政省にとって「郵便近代化の柱」「挙省一致の一大プロジェクト」と位置づけられた。

しかしこの当時、手書き数字の正確な読み取りができる機械などは存在していなかった。開発チームでは、約三〇万通りの手書き数字を分析して七〇通りほどのパターンに分類、これと照合することで高精度の読み取りを実現した。一時間で二万二〇〇〇通の郵便物を分類できたというから、当時として世界最先端のシステムであったのだ。

いくら優れた読取機ができても、利用者に番号を書いてもらわねば役には立たない。

電話番号の場合と異なり、郵便は番号を書かねば相手に届かないというシステムではないから、普及は困難が予想された。わざわざ番号を調べて書き込むのは手間だし、企業では住所のゴム印や名刺などを作り直すのも相当の費用となるから、反発の声も少なくなかったのだ。

郵政省では、大企業や学校などで繰り返し説明会を開き、各ポストの横に郵便番号の記入を促すマスコットキャラクターを設置、大都市では記念パレードまで行なわれるなど、まさに総力戦というべき宣伝活動を繰り広げた。郵便番号簿も約三〇〇〇万部が無料配布されたため、郵便番号導入のために当時の金額で約一二億円が投じられたという。

郵便番号の振り方も、当然ながら難問であった。一度決めてしまえば後から付番し直すのは極めて困難だから、将来の社会システムの変化なども見据えながら設計せねばならない。たとえば当時沖縄はまだ米国統治下であったが、将来を見越して空き番号が確保された。沖縄返還は、郵便番号利用開始の四年後に実現している。

また、利用者が番号を覚え、書いてもらわねば話にならないから、桁数は極力抑える必要がある。当初は、市外局番のように郵便局の大小に応じて二桁～四桁の番号を割り振る案も検討されたが、結局三桁の番号を基本とし、地域により二桁の子番号をつけることで、受け持ち郵便局を指定する案に落ち着いた。

郵便番号誕生

一九六八（昭和四三）年、ついにスタートした体系は以下のようなものだ。まず、番号の上二桁は、基本的にそれぞれの都道府県に対応している。ただし郵便量の多い県はいくつかに分割して番号を振っており、たとえば神奈川県には21～25が、千葉には27～29が充てられた。26は、将来の人口の伸びが見込まれる千葉県のために、空き番としてあらかじめ確保された。現在、26で始まる番号は、千葉市域で利用されている。

全郵便量の約三割が発着する東京には、機械で最も読み取りやすい数字である、1で始まる番号が割り当てられた。市外局番のように、北から順にというわかりやすい番号づけにならなかったのはこのためだ。以下、鉄道による郵便配達の流れに沿う形で西へと順次番号が振られ、鹿児島で折り返して福井へ飛ぶ。山形で9から始まる番号が尽きたところで、秋田からは0番で始まる番号が割り当てられた。つまり一桁目は0から9

でなく、１から始まって０で終わると見れば理解しやすい。

郵便番号の三桁目は、県内の最重要な郵便局の受け持ち区域に０が充てられ、以下鉄道の流れに従って１から番号が振られた。このため多くの都道府県で、県庁所在地の郵便番号三桁目は０となっている。子番号の二桁は、特定郵便局など取扱量の少ない局の受け持ち区域に割り当てられており、これも鉄道の下り順に付番された。

鉄道の経路に沿って付番されたため、原則を外れている場所もある。たとえば神奈川県の旧藤野町や旧相模湖町は、東京の多摩地区と同じ19から始まる番号が振られていた。これは、神奈川県でこのエリアへの郵便物だけが、中央線によって運ばれていたためだ。その後この地区は相模原市に編入され、二〇〇七（平成一九）年からは22で始まる番号に変更されている。

七桁化

郵政省の全力を挙げたＰＲのおかげもあり、郵便番号は予想以上の早さで定着した。開始一年後に記入率は六五％に達し、諸外国を上回っている。読取機が判別しやすいよう、封筒やハガキに郵便番号用の赤い枠を印刷したことが、利用者に記入を促す思わぬ効果をもたらしたのだ。

一九九八（平成一〇）年には郵便番号は七桁化され、各番号が一つ一つの大字《おおあざ》に対応するようになった。ランドマークタワーなどの高層ビルでは、各階ごとに異なる番号が与えられるなど、よりきめの細かいシステムとなっている。

区分機も、かつてとは比較にならぬほど進化した。現代の区分機は、郵便番号と宛名の番地を同時に読み取って一三桁の数字に変換する。これをバーコードとして目に見えないインクで宛名面にプリントし、瞬時に配送順序まで考慮して配列してくれる。番地は漢数字でも算用数字でも、縦書きでも横書きでも問題ないというから驚く。

こうして完成した郵便番号システムにより、コンピュータ上で七桁の郵便番号を入力するだけで、住所を町名まで表示してくれるようなシステムも普及した。また、宅配便の会社にも利用され、早く正確な配達に貢献しているから、社会にもたらした恩恵は大きい。まあ半世紀の営々たる努力によって普及させた郵便番号が、ライバルである宅配便会社などにタダ乗りされてしまっているのは、日本郵便にとっては甚だ面白くないところかもしれないが。

〔郵便番号に関するトリビア〕

・郵便番号001－0001は存在しない。
・郵便番号100－0001は、東京都千代田区千代田一－一、すなわち皇居である。
・その後の100－0101～100－0122までは、伊豆諸島などの東京都島嶼部に充てられている。
・無人島のいくつかにも、郵便番号は付与されている。たとえば沖ノ鳥島の郵便番号は100－2100、尖閣諸島は907－0004である。
・郵便番号の上三桁が119（東京）と539（大阪）は、テレビ局や通信販売などの超大口事業所に用いられる。このため、通称「クイズ局」とも呼ばれる。
・私書箱には、基本的に下四桁8691が充てられる。

3　混沌と抗争のナンバー史――自動車のナンバープレート

ナンバープレートの基本

車のナンバープレートは、おそらく日常で最も目にする機会の多い番号のひとつだろう。それでいて気にかけることはほとんどなく、自分の車のナンバーさえ正確に覚えている人は少ないのではないだろうか。しかしあの小さなプレートには、意外なほどの情報量と、複雑な歴史が埋め込まれている。

日本でナンバープレートが登場したのは一九〇七（明治四〇）年のことで、当時はアラビア数字四桁だけのシンプルなものだった。上段に地名と分類番号、下段にひらがなと四桁以下の一連指定番号が刻まれた、現在の形に近いナンバープレートが登場したのは一九六一（昭和三六）年のことだ。ナンバープレートの数字は車両を完全に特定するためにあり、全く同じナンバーをつけた車はこの世に一組もない。

現在、乗用車のナンバープレートには四色あり、白地のものは自家用自動車、緑色のものは事業用自動車、黄色は自家用の軽自動車、黒は事業用軽自動車と定められている。ただし最近、白地に図柄の入ったナンバープレートを見かけるようになってきた。たとえば二〇二〇年の東京オリンピック・パラリンピックを記念したものは、通常の交付料金に加えて一〇〇〇円以上の寄付金を支払うことで入手できる。

また二〇一八（平成三〇）年からは、地元の観光地や名産品を描き込んだ図柄の、地域限定ナンバープレートも登場している。これらの図柄入りナンバーは、軽自動車でも白色のナンバープレートがつけられるので、黄色ナンバーが嫌だという人の「裏技」としても人気を集めているようだ。

一連指定番号

それでは、ナンバープレートに刻まれた数字や文字の意味を見ていくとしよう。まず、ナンバープレートの左側にあるひらがなは、車の用途を示している。原則として、事業用の車は「あ」～「こ」及び「を」、自家用車は「さ」～「ろ」、レンタカーには「れ」「わ」がつけられる。ただし「お」「し」「へ」「ん」の四文字は使われない。「お」は

「あ」と見分けにくいこと、「し」は死、「へ」は屁を連想させること、「ん」は発音しづらいことが理由なのだそうだ。ひらがなの代わりに「Y」などのアルファベットが入った車もまれに見かけるが、これは駐留軍人の車などに用いられている。ちなみに駐留軍人が日本で除隊になった場合、このアルファベットは「よ」に変更されるとのことで、これは非常なレア品である。

下段の四桁の数字は、一連指定番号と呼ばれる。当初はただの四桁数字だったが、一九六二（昭和三七）年から「12-34」のようにハイフンが入るようになった。これは、二桁ずつに区切ったほうが瞬間的に覚えやすいという理由からだ。ナンバーが三桁の場合、ハイフンは入らない。

一連指定番号には欠番がある。下二桁が「42」「49」のナンバーは、縁起が悪いとして通常は使用されない規定となっているのだ。縁起を気にするならば、上二桁に42が入っているナンバーはどうなのかと思うが、こちらは普通に使われているのは少々謎である。

一九九八（平成一〇）年からは希望番号制度が開始され、手数料を支払えば好みの番号をつけられるようになった。ただし、人気の高い一部の番号は抽選となる（抽選となる番号は地域によって異なる)。普通は欠番となっている下二桁「42」「49」も、希望すればつけることが可能だ。ちなみに希望番号で最も人気が高いのは、いわゆる5ナンバー車では「25-25」だが、3ナンバー車では「1」が一番人気で、「25-25」はベスト5にも入らない(5ナンバー、3ナンバーについては後述)。なぜこういう差が出るのか、あなたの考察はいかがだろうか。

その他、ナンバー指定は地域差もあって面白い。たとえば富士山周辺では「37-76」や「・223」「22-55」などのナンバーに人気がある。それぞれ富士山の標高、「富士山」「富士五湖」に引っ掛けたものだ。筑波エリアでは「・298」(筑波)や「29-83」(筑波山)をよく見るし、高知では「43-51」(よさこい)も見かけた。

もちろん、個人の趣味や職業を表したナンバーも多い。ミニクーパーのオーナーは「32-98」をつけるのが定番だし、ポルシェ911やホンダS2000などでも車種名にナンバーを合わせているケースをよく見かける。「・・68」をつけたトヨタbBを見た時にはちょっと感心したものだ。車以外でも、コブクロのファンである筆者の知り合いはナンバーを「52-96」にしているし、矢沢永吉のライブでは駐車場が

「・８３０」のナンバーで埋め尽くされるとも聞く。「・８９３」のベンツを高速道路で見た時には、思わず車間距離をとってしまった。

野球選手は、車のナンバーを背番号と合わせているケースが多い。その他、読売新聞の渡邉恒雄主筆は、発行部数一〇〇〇万部に強いこだわりを持ち、車のナンバーも「１０-００」にしているという。だいぶ以前に読売新聞の部数は一〇〇〇万部を割っているが、ナンバーを変えたかどうかは定かではない。

企業によっては、ナンバープレートは重要な広告スペースともなりうる。セブンイレブンやアート引越センター、ハトヤホテルなどの車が何番をつけているか、いうまでもあるまい。東武バスは「・１０２」、東急ホテルの車は「・１０９」を付けたりなど、社名をナンバーにしているところもある。飲料メーカー・レッドブルの車は「・２８３」に統一されている。同社のキャッチフレーズ「翼をさずける」の「翼」からとっているそうだ。これなど説明されねばわからないが、メーカーとしてのこだわりはよく伝わってくる。

地名は争いの種

ナンバープレートの左上にある地名部分も、歴史を追うとなかなか面白い。導入当初、この地名は県単位でつけられており、基本的に「茨」「栃」など一文字表記であったが、一九六四（昭和三九）年からは地名がフルネーム表記となっている。その後、自動車の増加に従ってナンバープレートを発行できる施設（運輸支局および自動車検査登録事務所）も増えて、その地名がつけられるようになっていった（ただし、少々ややこしいところもある。たとえば大阪市内の車は大阪ナンバーではなく、なにわナンバーをつける。大阪運輸支局は寝屋川市にあり、なにわ自動車検査登録事務所は大阪市にあるためだ）。

二〇〇六（平成一八）年からは、地域・観光振興のため、陸運局のない地域の地名を表示する「ご当地ナンバー」制度が導入された。たとえば群馬県運輸支局は、以前は「群馬」ナンバーのみを交付していたが、現在では車の所有者の居住地に応じて「高崎」「前橋」「群馬」の三種類を交付する。現在、ナンバープレートに表記される地名は全部で一三四種類となっているが、ご当地ナンバーを希望する地域は多いため、今後さらに増えそうな情勢だ。

ナンバープレートの地名に選ばれることは、我が町の名が全国区になるチャンスだから、どこが選ばれるかの争いは何度も起きてきた。たとえば一九九四（平成六）年に、ブランド地名の代表格である湘南ナンバーが誕生した際には、どこまでが管轄に入るかをめぐって一騒動があった。

逆に愛知県小牧市に自動車検査登録事務所ができた際には、近隣の一宮市や春日井市が小牧ナンバーになることを拒絶し、旧国名を入れた「尾張小牧」とすることで決着を見ている。全国初の漢字四文字ナンバーは、自治体間の内輪もめの結果だったわけだ。現在では、一宮市と春日井市はいずれもご当地ナンバーとして地名表記されるようになり、尾張小牧ナンバーを離脱している。

一九六五（昭和四〇）年に、愛知県豊田市に自動車検査登録事務所ができたときは、通常なら豊田ナンバーになるところを「特定の企業を連想させる名は好ましくない」とし、地名として「三河」が使用された。しかし二〇〇五（平成一七）年、豊田市はご当地ナンバー候補に挙がる。この際にも「日産やホンダの車に豊田ナンバーをつけさせるのか」という議論が巻き起こったが、結局そのまま「豊田」ナンバーが認可された。愛知県で名古屋市に次ぐ四二万の人口を擁する豊田市を、ナンバーの地名から外すわけにも行かなかったのだろう。

もめた地名の代表格が、一九九九（平成一一）年に誕生した「とちぎ」ナンバーだ。

それまで栃木県では全域で漢字表記の「栃木」ナンバーが用いられていたが、県南地区で新たに自動車検査登録事務所が置かれることになり、その場所に佐野市が選ばれたのだ。こうした場合、普通は栃木ナンバーが消えて「宇都宮」と「佐野」の二つのナンバーができるのだが、これに周囲の自治体が反発した。佐野ナンバーをつけることになる小山市、栃木市、足利市などはいずれも都市規模が佐野市よりも大きく、それぞれに歴史と文化のある街だ。各市は佐野ナンバーになることを拒絶し、それぞれに別案を持ち出して抵抗したため事態は紛糾した。何とか我が町の名を入れたい佐野市は、尾張小牧の例に倣って「下野佐野」案を提示するなど粘ったが、ついに県知事が「これ以上反対するなら他の市へ事務所を移設する」と通達し、佐野市も折れることになった。よそ者から見ればやや異様な「とちぎ」ナンバーは、政治的妥協の産物であったわけだ。

逆に地方自治体が共闘して、新たなナンバーを勝ち取った例もある。二〇〇五（平成一七）年、山梨県と静岡県の富士山周辺の自治体がご当地ナンバーとして「富士山」を申請したケースだ。県をまたいで共通のナンバーを使う例はないとしていったんは拒絶されたが、再申請の結果これが認められ、二〇〇八（平成二〇）年に富士山ナンバーが誕生した。ふだんは富士山頂の帰属などをめぐって争い合う両県だが、この時ばかりは共闘が成功した形だ。山梨と静岡の両事務所で同一のナンバーを発行してしまわぬよう、分類番号で区別をつけているとのことだ。

分類番号の迷走

車の種別を示す分類番号は、ナンバープレートの歴史の中でも最もややこしい部分だ。一九五五（昭和三〇）年の導入当初は一桁の数字が用いられ、1が貨物自動車、2は乗合自動車、3は大型の乗用車、4は貨物乗用車、5は普通乗用車、6は三輪貨物車、7は三輪乗用車、8は特殊自動車、9は大型特殊自動車、0は建設機械という割当であった。しかしこのあと6および7ナンバーは減少の一途を辿り、5ナンバーが大幅に伸びてゆく。この偏った増加に対応するため、付番システムの迷走が始まるのである。

まず一九六七（昭和四二）年、分類番号が二桁化された。となれば、普通乗用車のナンバーは50から始まりそうなものだが、見やすさを考慮して55から順に使用が始められた。やがて50番台のナンバーも枯渇が近づいたため、一九八四（昭和五九）年に規則が改正され、70番台のナンバーが普通乗用車に充てられることになった。7は三輪乗用車用の番号であったが、もはやこの頃には全国でも数台しか残っていなかったため、普通乗用車用に回されたのだ。

しかし平成に入って、その70番台も底をつき始める。そこで一九九八（平成一〇）年からは三桁番号が導入された。ここでは二桁化の時とは異なり、「500」から付番が開始されている。また、軽自動車には「580」からの番号が充てられた。しかし昨今の軽自動車人気を見ると、この番号は早々に使い尽くしてしまいそうだ。現在利用されていない600番台を使った方がよかったのではとも思うが、まあ余計なお世話である。

一連指定番号として希望番号を取得した場合には、分類番号の下二桁が「30」以降の数字が充てられることになっている（抽選の場合は「00」から）。しかし「530」から始まった番号も枯渇し、一部地域で700番台が動員されていたが、結局二〇一八（平成三〇）年から「5AA」のようなアルファベット入り分類番号が全国で導入されることとなった。上段にアルファベットの入った車はまだ少ないが、いずれ普及してくることだろう。

それにしても迷走もここまで来れば、いじらしい感じさえしてくる。つぎはぎを繰り返してきたナンバープレートの歴史は、急速な発展を遂げた我が国の自動車文化の写し鏡でもある。ナンバープレートひとつにも様々なドラマや思いが詰まっている。街で見かけるナンバーに、少しだけ観察の目を向けてみてはいかがだろうか。

4　魔境を照らす一筋の光――鉄道にまつわる番号

ホーム番号はどう決まるか

田舎で育った人間が都会に出てきてまず肝を潰すのは、複雑極まりない駅の構造だろう。ＪＲと私鉄が一本ずつしかない田舎町から、一八歳で東京に出てきた筆者も、まさにその洗礼を受けた。

人でごった返す駅に、次々とやってくる色とりどりの列車たち。上り下りだけを意識していればよい田舎とは異なり、路線図はスパゲッティのように絡み合って行き先の把握を阻む。相互乗り入れなる不可解なシステムにより、ＪＲに乗っていたはずがいつの間にか地下鉄に引きずり込まれていたことも一度や二度ではない。しかも東京人たちは、その魔境を何ら迷うことなく、スタスタと目的のホームへ一直線に歩み去ってゆく。彼我の圧倒的な力量差に、定期券を握り締めながら打ち震えたあの日々――生まれついての都会人には決してわかるまいが、これは全く大げさではないのである。

都会の駅で路頭に迷うのは、何も田舎者の青年ばかりではない。近頃激増する訪日者にとっても、日本の駅の複雑さは大きな悩みの種だ。駅名も路線名も読めない外国人も、無事目的地にたどり着けるようにするには、万国共通の数字を用いるのが一番だ。というわけで駅のホームの番号（番線）は昔から広く活用されてきたし、最近では駅自体にも番号が振られるようになった。

鉄道に関しては、車両番号、編成番号、席番号など数々の番号が使われており、詳しく語ってゆけばそれだけで一冊の本が出来上がってしまうほどだ。ここでは、一般の目につきやすい番号である、ホーム番号と駅番号について取り上げるとしよう。


さて、駅のホーム番号はいつごろ生まれたのか――実はこれがわからない。名うての鉄道マニアとして知られる編集者・田中比呂之氏に手を尽くして調査していただいたのだが、はっきりしたところはわからずじまいであった。鉄道についてはたいていのことが調べつくされていると思っていたのだが、思わぬところに盲点があったわけだ。ご存知の方がおられたら、ぜひご教示いただきたい。

駅のホーム番号のつけ方には、特に法的な取り決めなどはない。ただし国鉄時代には駅長室に近い側を1番線とするという慣習があり、JRになってもこれを踏襲している。私鉄の場合には、JR同様に駅長室側から付番しているケースもあれば、下り線から順に番号をつけている東急電鉄のような場合もあり、会社によって方式はバラバラのようだ。阪急電鉄は「×番線」ではなく「×号線」という呼び方を採用しており、このへんにも個性が表れている。

ひとつの駅に複数の鉄道会社が乗り入れている場合は、それぞれ別個にホーム番号をつける場合がほとんどだが、横浜駅のような例外もある（京急線が1・2番、JRは3～10番を使用）。ただしこの他に東急線・相模鉄道・横浜市営地下鉄などが乗り入れており、これらは独立したホーム番号を名乗っている。このあたり、いつまでも工事が終わらぬため「日本のサグラダファミリア」の異名を取る、横浜駅にふさわしいカオスっぷりである。

同じ神奈川県の小田原駅は、1・2番線が伊豆箱根鉄道、3～6番線がJR東日本、7～10番線が小田急、11番線が箱根登山鉄道、13・14番線がJR東海と、五つの鉄道会社が仲良く通し番号を分け合っている珍しいケースだ（12番線は欠番）。

また、東京メトロの淡路町駅が1・2番線を、都営地下鉄の小川町駅が3・4番線を使っているような例もある。両駅は名称こそ別々だが通路でつながっており、改札口が隣接している。このため誤乗車が多く、対策として小川町駅の1・2番線が番号を改めた結果だ。

欠番ホームの謎

さて、最も多くのホーム番号がつけられている駅はどこか――正解は大方の予想通りJR東京駅で、二八のホーム番号が存在する（以下、ホーム番号については特記のない限り全てJRの駅を扱う）。だがその実態はなかなかややこしく、欠番が三つ、1～4番線が三つ存在している。つまり、在来線が1～10番線、東海道新幹線が14～19番線、東北・上越・北陸新幹線が20～23番線を使っている他、総武線と京葉線の地下ホームがそれぞれ1～4番線まで存在しているので、ホーム番号の数は合計二八となるのだ。東京メトロ丸ノ内線の東京駅にも二つのホームがあるから、これを合わせればホーム番号の数は三〇にも達し、「東京駅1番線」は四つあるということになる。これを魔境と呼ばずして何と呼べばよいか、という話である。つくばエクスプレスの東京駅への延伸計画などもあるから、これらの数はさらに増える可能性がありそうだ。

ところで、なぜ東京駅の11〜13番線が欠番なのだろうか？　まず11番線は、機関車の回送用線路に充てられており、乗客の乗り降りするホームとしては存在しなかった。12・13番線はかつて東北新幹線に充てられていたが、一九九七（平成九）年の長野新幹線（現・北陸新幹線）開業によって番号が足りなくなったため、22・23番に番号を改めたのだ（東北・上越・北陸新幹線はいずれも大宮経由のため同じホームを共有している）。こうした事情があるため、東京駅はホームの並び方もやや不規則になっており、利用者を迷わせる一因となっている。

欠番がある駅は東京駅だけではなく、たとえば上野駅には18番線が、大宮駅（さいたま市）は5・10・12番線が存在しない。新大阪駅も、何度もホーム番号の付替えが行なわれた末、現在は11番線から19番線が欠番になっている。特に新幹線の通る駅は、こうしたホーム番号の欠番が多い。システム拡大による苦悶の痕である。

欠番が最も多いのは京都駅で、15番線から29番線までがまるまる抜けている。これは、山陰本線のホームを「さん」と「3」の語呂合わせで30番線以降とした結果だ。というわけで京都駅34番線が、日本で最大のホーム番号となっている。

0番線の謎

京都駅にはもうひとつ妙なことがある。0番線があるのに、1番線がないのだ。京都駅が改修された際に、1番線の線路を潰してホームを広げた関係で、線路につけられた番号とホーム番号が一致しなくなってしまった。これが駅の運営上混乱の元になるということで、1番ホームを0番に改め、番号を一致させたのだ。「消えた1番線」というと何やら鉄道ミステリーのようだが、実際にはごく実務的なお話であった。

0番線というホームは、全国に案外多く存在する。1番線よりも駅長室寄りに新しいホームが作られた時や、国鉄やJRから切り離された第三セクター鉄道用のホームが新設されたなどのケースが見られる。0番線のほとんどは始発ホームであり、既存のホームの一部を切り取った形の「切欠きホーム」であることが多い。0番線を見かけたら、ホームの周囲を観察してみると、工事の形跡が見つかることがある。

0番線は「ぜろばんせん」と読むことがほとんどだが、米子駅の0番線は「れいばんせん」と読むことに決められている。ここは境線の発着乗り場であり、その沿線にある境港市は「ゲゲゲの鬼太郎」の作者として有名な、水木しげるの出身地だ。このため境線には鬼太郎のイラストが描かれた列車が運行しており、その始発ホームは「霊番線」と名付けられているのだ。霊界の入り口たる霊番線に足を運べば、鬼太郎をはじめとした妖怪たちが出迎えてくれる。ファンなら一度は足を運ぶ価値がある駅だ。

さて、駅長室寄りにホームが新設された場合に0番線ができると述べたが、では複数のホームが作られた場合はどうなるのだろうか。まさにそのケースが起きたのが、JR九州の熊本駅であった。まさかマイナスの番号を振るわけにも行かず、0A、0B、0C番線という珍しいナンバリングがなされた。ただしこれらは駅ビル工事のため、二〇一五年に撤去されて消滅している。

0番線は日本国内だけではなく海外にもあり、イギリスのキングス・クロス駅もそのひとつだ。この駅は、世界中でブームを巻き起こした小説ハリー・ポッターシリーズに登場するから、ご存知の方も多いだろう。主人公たちは、この駅の9番線と10番線の間にある、9と3／4番線から魔法の世界へと旅立ってゆく。これはもちろん架空のホームだが、現実のキングス・クロス駅にもファンが押し寄せるため、現在「9と3／4番線」のプレートが掛けられているそうだ。もし同駅を訪れる方がおられたら、ついでに珍しい0番線にも目を向けてみていただきたい。

整数以外の番号を持ったホームなど、現実の世界にはありはしないだろう――と思いきや、上野駅に「新たな旅立ちの13・5番線」と通称されるホームが存在している。これは、クルーズトレイン「トランスイート四季島」の専用ホームで、13番線と14番線の間にあった荷物の積み下ろし用ホームを改装したものだ。別世界への旅立ちのイメージを、非現実的な13・5番という番号に託したわけで、番号の使い方もいろいろである。

駅番号の登場

冒頭で述べた通り、近年では外国人旅行者を意識し、駅への番号付与が進んでいる。その先駆者となったのは、長崎市内で路面電車を走らせている長崎電気軌道で、一九八四（昭和五九）年に早くも駅番号を導入している。首都圏では、二〇〇二（平成一四）年の日韓ワールドカップを機に、横浜市営地下鉄がナンバーを導入したのが最初だ。二〇一六（平成二八）年には、ＪＲ東日本の首都圏エリアやＪＲ西日本でも順次番号の導入が開始され、東京オリンピックに向けて着々と準備が進められている。

駅番号は、路線名を表すアルファベット一～二文字と、数字の組み合わせで表される。当然、番号が重複する駅もあり、たとえばＴ01という番号は、札幌市営地下鉄宮の沢駅、仙台市営地下鉄の八木山動物公園駅、東京メトロの中野駅、名古屋市営地下鉄の上小田井駅などなど多くの駅に使われている。もちろん、お互い遠く離れているから実用上問題ないという判断であろう。

番号は、上り側の始発駅から順番につけるパターンが多いようだ。ただしJRの首都圏エリアや、東京メトロなどは南西から北東へ順番につけている。たとえば京浜東北線は大船駅がJK01で、大宮駅にJK47が振られている。環状線はどうなっているのかと思うところだが、山手線は起点の東京駅がJY01であるのに対し、大阪環状線は大阪駅ではなく天王寺駅にO01の番号が与えられた。これは、大阪環状線と直通運転を行なっている大和路線、阪和線、関西空港線などが天王寺駅で接続しているためで、これら路線の駅ナンバーは大阪環状線との通し番号となっている。

いくつもの路線が乗り入れる駅には、その数だけ番号が振られる。たとえば東京メトロの銀座駅は、銀座線のG09、丸ノ内線のM16、日比谷線のH08の三つの番号を持っている。最多の駅番号を持つのはおそらく新宿駅で、JR五路線に加え、都営地下鉄二路線・東京メトロ・京王電鉄・小田急線と、合計一〇の駅ナンバーがついている。こうなってくると本当に乗り換えの役に立つのか、かえって混乱を招くのではないかと心配になってくる。

新設駅の番号

さてこうした駅番号で気になるのは、駅が新たに設置されるケースだ。ネーミングのセンスが物議を醸した高輪ゲートウェイ駅などどうなっているのだろうと思ったら、ナンバリングが行なわれた段階ですでに新駅構想が進んでいたため、京浜東北線の「JK21」及び山手線の「JY26」という番号が予約されていた。

JR四国では、土讃線の波川駅（K08）と日下駅（K09）の間に設置された新駅・小村神社前駅に、「K08-1」という枝番号つきの駅番号を割り振った。これは高速道路のインターチェンジ番号と同じ方式だ。JR西日本では、今後駅の新設が行なわれた場合、「X10・5」のように小数点を入れた駅番号を用いる予定としているが、まだ実例はないようだ。

一方東京メトロは、こうしたやり方を潔しとしなかったのか、二〇二〇年開業の新駅・虎ノ門ヒルズ駅の駅番号をH06とし、隣の霞ヶ関駅以降一六駅の番号を一つずつ繰り下げると発表した。これはもちろん全体としてすっきりとはするが、案内表示の付替えなどかなりの費用が発生するから、かなり思い切った決断だ。

　東京メトロに問い合わせると、利用者の利便性を最優先した結果であるとの回答であった。筆者自身、駅番号を乗り換え駅の把握のために使ったことはないが、目的地までの駅数がすぐにわかるのは大変便利だ。東京の地下鉄は駅間が約二分だから、おおよその所要時間もすぐ算出できる。もし枝番号のある駅が挟まっていると、これが狂ってしまう。こうした需要に応えるため、わざわざ面倒な全面付け替えを採用したのでは、というのが筆者の想像だ。

　同じ駅番号でも、都心と郊外では使われ方が異なり、それによって付番システムも変わる。番号など何ということもないもののようで、仔細に観察するとさまざまな事情が垣間見えて実に奥が深いものなのである。

5　国道100号が存在しないわけ——道路にまつわる番号

道路番号のはじまり

筆者はもともと国道マニアという変なジャンルの趣味者であり、この方面の本を二冊ばかり書いていたりもする。なぜ国道などというものに興味を持ったかといえば、その番号のつけ方が謎だらけであったからだ。

現在、日本には507号までの国道が存在しているが、地図を見るとこれはどうやって決まったのかと首をひねりたくなるような、妙な順序で並んでいる。たとえば国道409号は東京湾アクアラインを含む道だが、その次の410号は千葉県の山間を行く頼りない道、411号は八王子から山梨へ抜ける山岳道路で、一貫性というものがまるで見えてこない。

さらにいえば、国道番号にはかなりの欠番がある。国道59号～100号、109～1

１１号、２１４～２１６号は、日本のどこを探しても存在しない。そうしたことを調べていくうち、いつしか国道趣味にハマっていたわけだ。国道を始めとした道路番号の謎も、他の番号同様なかなかに奥が深い。

　番号は、多数の無個性なものを整理区別するために活用される。その性質上、道路の管理に番号は最適であり、古くから利用されてきた。たとえば儒教の経典である「周《しゅ》礼《らい》」には、「都市建設の際には、東西及び南北に九条ずつの街路を交差させる」という記述があるから、道路番号の歴史は二〇〇〇年以上遡ることができそうだ。もちろん京都の一条通から九条通までの名称も、この流れを汲んでいる。

　とはいえ江戸期まで、主要な道路は「東海道」「奥州街道」など、固有名詞で呼ばれることがほとんどであった。大都市圏以外では、さほど主要道路の数も多くなかったから、わざわざ番号を持ち出す必要もなかったのだろう。

　しかし明治期に入り、東京から全ての道路を一元的に管理する中央政府が誕生したことで、全ての国道に番号を振る必要が生じた。「國道一號」という無機的な響きは、文明開化を迎えた国民にとって極めて近代的な、そして新政府の権威を強く感じさせるものであったに違いない。

明治の国道は、一八八五（明治一八）年に制定が始まり、最終的に61号までが指定された。明治国道の特徴は、東京を起点に、各地の港湾を終点にしたものが多い点だ。国道2号は大阪港、国道3号は神戸港、国道4号は長崎港、国道5号は新潟港といった案配だ。ほぼ全ての国道が東京起点というのは中央集権意識の表れ、港が終点であるのは海運が重要視されていた時代背景によるものだろう。

一九一九（大正八）年には国道の再編成が行なわれ、番号も全て振り直された。この時には、演習場や鎮守府に向かう軍事目的の国道が指定され、「特〇号」の番号が付与されているのが特徴だ。ただし終戦間際に指定された路線は、物資不足などで整備がほとんどなされず、名目のみに近い路線もあったようだ。

現代の国道

現在使われている国道体系がスタートしたのは、一九五二（昭和二七）年のことだ。国道の栄えある国道1号には、東京の日本橋から大阪の梅田までを結ぶ道が選ばれた。国道の東京の起点は家康の時代以来ずっと日本橋だが、国道1号の終点は時代によって変わっている。明治時代には開港地である横浜、軍国主義の高まった大正時代には伊勢神宮、そして戦後は太平洋ベルト地帯の諸都市を結んで大阪がそれぞれ終点となっている。このあたり、その時代の政府が最重要視したものの表れとも見える。

さて道路に番号をつけるには、いろいろな方式が考えられる。たとえばアメリカの高速道路では、南北方向に走る道には奇数番号を西から東へ順に振り、東西方向に走る道には偶数番号を南から北の順で付番している。ドイツのアウトバーンも、これと類似の方式だ。

ただしこれは、国土が長方形に近く、計画的に道路網が作られていったからこそできる付番法だ。日本のように国土が細長く、複雑な地形に沿って道ができていった国では、こうした規則的な方式はとりにくい。日本に条件が近いイタリアの高速道路も、やはり規則性のない付番になっている。

では日本の国道番号はどうなっているか。まず一九五二（昭和二七）年には、1号から40号までが「一級国道」として指定を受けた。この時、国道1号から12号までが国土の背骨を成す大幹線となり、13号以降としていわば肋骨のように大幹線と主要都市を結ぶ道が選ばれた。このため一級国道の多くが、県庁所在地を起終点としている。

翌一九五三（昭和二八）年には、二級国道として144路線が指定を受けたが、この時には101号から244号の番号が用いられた。一級国道は一～二桁、二級国道は三桁とはっきり差をつけたわけだ。この時は、青森から順に国道番号が付けられ、鹿児島まで南下した後に北海道に戻るという順序が採用されている（沖縄は当時米国統治下）。

この後、ほぼ一〇年毎に約五〇本ずつの国道が追加されていったが、この時は北海道から順に南下する方式で付番された。というわけで、今や国道番号は入り混じっており、もはやほとんど規則性が見えない状態になってしまっている。

国道に残る欠番

一九五九（昭和三四）年と一九六三（昭和三八）年には、二級国道の一部が一級に格上げされ、国道41号から57号が誕生している。一九七二（昭和四七）年の沖縄返還の際には、琉球政府道1号であった道が国道58号となり、これにて二桁国道は打ち止めとなった。というわけで、59号から100号までは今も欠番のままだ。

また、二級国道から一級国道へ昇格したことでできた欠番は、多くの場合のちに国道昇格した路線で埋められた。たとえば、名古屋～富山間を結んでいた国道155号は、一九五九（昭和三四）年に国道41号に昇格したことでいったん欠番となったが、一九六三（昭和三八）年に愛知県常滑市～同弥富市を結ぶ道が国道155号に指定され、穴埋めがなされている。

だが、東北地方にあった109～111号と、九州にあった214～216号は、二桁国道に昇格した後の穴埋めが行なわれず、今に至るまで欠番状態が続いている。現在では一級国道・二級国道の区別も撤廃されたので、欠番が埋まることはもうなさそうだ。

なお、ナンバープレートのところで、下二桁が42または49のナンバーは縁起が悪いため交付されないという話を書いた。しかし国道には縁起を担いで欠番にするといったことはなく、国道42号も49号も存在している。このあたり、かつての運輸省と建設省の方針の違いでもあろうか。

だがやはりこういうことを気にする人はいるものだ。筆者は以前に新聞の投稿欄で、国道444号（長崎県大村市～佐賀県佐賀市）はあまりに縁起が悪いから番号を変えてほしいという投書を見た記憶がある。当然、番号の変更などはなされなかったが、その後この道には「しあわせ街道」の愛称がつけられた。4を三つ合わせて「しあわせ」ということなのだろう。縁起も考えようであり、なかなかシャレたやり方と思う。

さて国道指定というとつきものなのが、政治家の誰々がその影響力を振るって――という話だ。番号決定にも政治力が影響したという話はあるようで、たとえば国道400号（茨城県水戸市～福島県西会津町）は、この道の国道指定に尽力した渡辺美智雄元副総理が、「キリ番がいいだろう」としてこの番号に決めさせたという噂が残る。確かに、位置的には国道402号（新潟県柏崎市～新潟県新潟市）の方が北にあり、原則からいえばこちらが400号になっていてもおかしくなかったように見える。

ところで、今後国道が増えることはあるのだろうか？ 実は、一九九三（平成五）年以降は新規の国道指定がなされていない。筆者が関係者に聞いた限りでは、今後国道が増えることはどうやらなさそうだという。十分に道路網は行き渡ったということだろうが、少々寂しい気もする話である。ということで、今後道路行政に何か大きな変化でもない限り、沖縄にある国道507号がラストナンバーとして残りそうだ。

高速道路にもナンバリング

現在では国道は番号で呼ばれるのみだが、かつての二級国道には「国道101号青森能代線」のように、起終点の地名を並べた路線名がつけられていた。都道府県道や都市高速は今でもこの形式であり、「東京都道４１２号霞ヶ関渋谷線」「阪神高速５号湾岸線」のように番号と固有名を併用している。

一方、都市高速以外の高速道路は、長らく「東名高速道路」「中央自動車道」などの固有名だけで運用されてきた。しかし路線数が増えて紛らわしい名称が増えたこと、また増加する訪日者に対応するためもあり、高速道路にも番号がつけられることになった。全く新しい種類の番号が登場する機会はそうないから、これは番号マニアとしては大いに盛り上がらざるを得ない。

とはいえ先に挙げたような事情から、わかりやすいナンバリングはなかなか困難な課題である。そもそも、どこまでを高速道路に含めるかという、最も基本的なところからして悩ましい。一見高速道路に見えても実は一般国道や県道という道もあるし、管理者もいろいろだ。たとえば、北関東自動車道（群馬県高崎市〜茨城県水戸市、ＮＥＸＣＯ東日本管理）は、終点の水戸南インターチェンジの先にも道路がひとつながりに続いているが、水戸南インター〜ひたちなかインターまでの東水戸道路は一般国道、ひたちなかインター〜ひたち海浜公園インターまでの常陸那珂有料道路は茨城県道であり、それぞれ管理者が異なる。このあたりをどう扱うか、行政の立場からするとなかなか難しそうだ。

筆者も頼まれもしないのにナンバリング案をいろいろ考えてみたが、すっきりした案は思いつけなかった。

注目の（筆者だけだったかもしれないが）ナンバリング案は、二〇一七（平成二九）年に発表された。ナンバリングの対象になったのは、東名高速や中央自動車道を始めとしたNEXCOの管理路線の他、高規格幹線道路や地域高規格道路などなど、要するに「高速道路に見える道」の多くが包含された。ただし、首都高速などすでにナンバーのついている道は対象外となっている。

付番方式は、「並走する国道の番号に合わせる」方式が採られた。高速道路の多くは幹線国道と並走しているから、一般にもなじみの深いこれらの番号を利用しようというわけだ。たとえば、東名高速（東京都世田谷区〜愛知県小牧市）と名神高速（愛知県小牧市〜兵庫県西宮市）は、国道1号（東京都中央区〜大阪府大阪市）とほぼ並行しているので、まとめて「E1」とされた（Eは「Express way」の頭文字）。また、これらと並走する形で建設中の新東名・新名神高速道路は、「E1A」の番号が与えられている。逆に、中央自動車道は高井戸ジャンクション（東京都杉並区）から岡谷ジャンクション（長野県岡谷市）までがＥ20、それ以降がＥ19と、複数の番号に分割された。また、国道15号や21号など、並走する高速道路が存在しない路線もあるから、高速道路番号にはかなり欠番もできている。

その逆に、並走する国道がない高速道路もたくさんある。そこで、これらには国道番号の空き番である59番以降が充てられている。また中部縦貫自動車道は、ほとんどが国道158号と並走しているが、Ｅ158ではなくＥ67の番号が与えられた。また東京外環にはＣ３、圏央道にはＣ４など、環状道路は特別にＣのつく番号が振られている。これらの付番方法により、高速道路番号は二桁までに収められた（最大番号は宮崎県・一ッ葉有料道路のＥ98）。

非常に苦心の跡が見えるナンバリングで、ずいぶん多くの議論を重ねて出来上がったのだろうなと思わせる。管理組織などに囚われず、利用者にとって「高速道路」と見える道に統一的な付番を行なった点は、大いに評価してよいと思える。

ただし、これで全面的にわかりやすくなったかといえば、少々懸念も残る。同じエリアを同一番号の国道と高速道路が走っているということは、両者を混同しやすくなったということでもある。国道と高速道路を間違えるドライバーなどいるものかと言われそうだが、主要国道のバイパスには高速道路に匹敵する造りのものも少なくない。特に日本の道路を走り慣れていない外国人ドライバーにとっては、新たな混乱の種が蒔かれただけという可能性もある。渾身のナンバリングシステムが吉と出るか凶と出るか、しばらくなりゆきを見守る必要がありそうだ。

6　番号界の絶滅危惧種――ナンバー銀行

ナンバー銀行の誕生

平成の時期に最も様相が大きく変わった業界のひとつが、バブル崩壊、リーマンショックなどの荒波にさらされた銀行業界だろう。一昔前であれば考えられなかったような大規模合併が次々と行なわれ、いくつもの銀行が生まれては消えた。

とはいえ昔から、銀行の歴史は合併の歴史であった。そして各銀行の歴史をたどっていくと、名称として番号のついた銀行、いわゆるナンバー銀行にたどり着くことが多い。たとえばみずほ銀行は、第一銀行を祖とする第一勧業銀行、第三銀行他をルーツとして持つ富士銀行などが合併した銀行であり、その歴史の中で他にも多数の銀行が合流して今に至っている。

日本の銀行の歴史は、一八七二（明治五）年の「国立銀行条例」に始まる。翌一八七三（明治六）年、渋沢栄一が第一国立銀行を設立したのを皮切りに、各地で番号を冠した銀行が設立されていった。ただしここでいう「国立」は「国法に従って立てられた」という意味合いであり、実際には国の資金ではなく民間の資本によって設立されている。

ナンバー銀行はその後も増え続けたが、一八七九（明治一二）年設立の第百五十三国立銀行で打ち止めとなった。これら「国立銀行」は、それぞれが銀行券を発行する権利を持ち、維新によって混乱した貨幣システムを整える役目を果たした。一八八五（明治一八）年からは日本銀行券が発行されるようになり、一八九六（明治二九）年からはこれらナンバー銀行は普通銀行となって、地域経済を支えるようになる。名称も、それまでは「第〇〇国立銀行」であったものが、単に数字のみを冠した「〇〇銀行」を名乗るようになった。

整理統合の時代

一五三行もあったナンバー銀行が激減する最初のきっかけになったのは、一九二三（大正一二）年の関東大震災、そして一九二七（昭和二）年に起こった金融恐慌だ。これらの衝撃によって体力のない中小銀行は追い詰められ、多くは併合・整理を余儀なくされた。さらに一九三六（昭和一一）年からは、銀行間の競争を国策の妨げと考えた政府が「一県一行主義」を打ち出し、強制的に統合を進めていった。たとえば茨城県では、土浦市にあった五十銀行と、水戸市にあった常磐銀行を中心に合併が行なわれ、常陽銀行となった。終戦までに、県内の四一もの銀行が同行に統合され、現在に続いている。

その後はしばらく安定した時代が続くが、バブル経済の崩壊によって再び統廃合が進み、銀行はさらにその数を減らした。このような次第で、明治からそのままの名称で続くナンバー銀行は、第四銀行（新潟市）、十六銀行（岐阜市）、十八銀行（長崎市）、七十七銀行（仙台市）、百五銀行（津市）、百十四銀行（高松市）の、わずか六行となっている。このうち第四銀行は同じ新潟県の北越銀行との統合によって「第四北越銀行」に、十八銀行は親和銀行と統合して「十八親和銀行」となることが発表されており、近い将来に純然たるナンバー銀行は四行だけになりそうだ。

数字を名称としているが、明治から続くナンバー銀行ではないところもある。三重県松阪市の第三銀行は、かつて第三相互銀行を名乗っていたことから来た名称であり、明治時代にできた第三国立銀行（安田銀行、富士銀行の前身）とは関係がない。また、この第三銀行と三重銀行は経営統合により、二〇二一年から「三十三銀行」となる予定だが、第三と三重の「三十三」からとった命名で、これも第三十三国立銀行との関連はない。

また、長野市に本拠を置く八十二銀行は、一九三一（昭和六）年に十九銀行と六十三銀行が合併して発足した銀行で、両社の数字を合計して「八十二」を名乗っている。もともとの第八十二国立銀行は、一八九七（明治三〇）年に第三銀行に統合されて消滅している。

その他、主要ナンバー銀行のその後をいくつか記しておこう。横浜市に置かれた第二銀行は、その後横浜興信銀行と合併し、現在は日本最大の地方銀行である横浜銀行となっている。第五銀行は、浪速銀行（三十二銀行の後身）に併合された後、十五銀行、帝国銀行、第一銀行、第一勧業銀行と何度も併合を繰り返して、現在のみずほ銀行へ至っている。第六銀行は肥後銀行と改称の後、一九二三（大正一二）年に安田系の一一行統合に伴い、二十二銀行・百三十銀行などとともに安田銀行へ合流した。その後は富士銀行を経て、やはり現在はみずほ銀行の一部となっている。こう見てくると、いわゆるメガバンクがいかに巨大で複雑な怪物か、改めて思い知らされるというものだ。

銀行に関する番号

銀行に関連する番号として、統一金融機関コードと支店番号についても触れておこう。銀行口座への振込を行なう時に記入する、あの番号のことだ。統一金融機関コードは四桁の数字で表され、都市銀行・地方銀行・信用金庫・証券会社・保険会社など、各種の金融機関に付与されている。

支店番号は、各銀行ごとに支店に割り振る番号で、三桁の数字で表される。支店数最多の三菱ＵＦＪ銀行でも、国内に七五〇店舗を抱えるのみであるから、三桁で十分間に合っている。これらの組み合わせにより、例えば０００５－１０３が三菱ＵＦＪ銀行千代田支店というように、銀行名と支店名を特定できる。

統一金融機関コードの００００は日本銀行に割り当てられている。０００１はかつての国立第一銀行の流れを汲むみずほ銀行だ。０００２はかつて三井銀行に割り当てられており、合併によって誕生した太陽神戸三井銀行、さくら銀行がこれを継承した。しかし二〇〇一（平成一三）年に住友銀行と合併して三井住友銀行となってからは、住友銀行の番号であった０００９を用いており、０００２は現在空き番となっている。こうした場合、若い番号を使用するのが通例だが、両者の合併は住友銀行によるさくら銀行の救済という面が強かったといわれる。番号にも、こうした力関係が反映されたのだろう。

都市銀行は0032までが割り当てられているが、繰り返された合併によって都市銀行の数が激減してしまったため、使われているのはわずか五つだけだ。このうち少々ややこしいのがりそな銀行と埼玉りそな銀行で、両者は同じりそなホールディングスの傘下に属するが、前者は0010、後者は0017と別の番号を用いている。

0033〜0049までは、「新たな形態の銀行」に割り当てられている。インターネット銀行や、商業施設との連携を主体にする銀行などがここに分類される。こうした銀行は、実際の店舗を持たないため、支店名に花の名前や星座の名前が使われていたりする。「ローソン銀行おべんとう支店」「楽天銀行マンボ支店」などといわれると少々面食らうが、まあ筆者の感覚が古いのであろう。

その後は0116〜0199までが地方銀行、0287〜0395が信託銀行、1001〜1999までが信用金庫、9820〜9849までが生命保険会社などなど、業種によって番号帯が振り分けられている。いずれも欠番が多く、日本経済の移り変わりの激しさを感じさせる。

ゆうちょ銀行の番号

これら大小さまざまひしめき合う銀行業界に、二〇〇七（平成一九）年突如ガリバーが舞い降りる。いうまでもなく、郵政民営化によって日本郵政公社から切り離され、株式会社となったゆうちょ銀行である。

郵便貯金では、五桁＋八桁（場合により七桁）の組み合わせで表される、独自の通帳番号を使用してきた。五桁の数字は「記号」と呼ばれ、一桁目は口座の種類、二・三桁目は口座を作成した都道府県を表す。四桁目はチェックデジットで、五桁目は「0」に固定されているから、特段の意味は持たない。八桁の数字は「番号」と呼ばれ、口座ごとに空き番号が割り当てられる。最後の八桁目は、「1」に固定されている。

郵政民営化によってゆうちょ銀行も銀行のひとつになったため、統一金融機関コードとして9900が割り当てられた。だが問題は、支店番号の方だ。支店番号は三桁しかないが、郵便局は全国で二四〇〇〇を超えており、これらに割り当てるには全く番号が足りない。というわけで、事務手続き上「バーチャル支店」を置き、番号を振ることになった。

これら支店は、都道府県ごとに割り当てられた二桁の数字に、末尾に「八」をつけたものが支店名かつ支店番号という仕組みが採られた。たとえば茨城県の場合は支店名が〇六八支店で、支店番号が068となっている。どうも奇妙なやり方だが、なぜこうしたシステムを採用したのだろうか。

これと別に、各郵便局には五桁の「取扱店番号」という番号も存在している。郵便局で預金をすると、この番号が通帳に記帳されていく。実はこれが、マニアにとっては注目の的になっている。旅先の郵便局で少しずつ預金を行ない、通帳に各局のスタンプを集めて楽しむ、「旅行貯金」というジャンルがあるのだ。いろいろな趣味があるものだ、と自分のことは棚に上げて思ってしまう。

この旅行貯金趣味者の間では、取扱店番号がキリ番・連番・ゾロ目などになっている局が人気を集めている。そうした「聖地」のひとつが、取扱店番号11111の長野県・飯田風越郵便局だ。たとえば平成一一年一一月一一日にこの局で一万一一一一円を預金すると、通帳に一六個の「一」を並べることができる。そのためこの日は多くの旅行貯金趣味者が同局に殺到し、処理が追いつかない事態となった。というわけで令和元年一一月一一日には、店頭にテントを設置し、近所の店に駐車場を借りるなど万全の態勢を整えた。さらに、近隣の郵便局から応援を頼み、二六人もの局員が対応してこの日を乗り切ったという。

このように、キリ番やゾロ目には人を引きつける独特の魔力がある。町おこしなど、新たな需要の掘り起こしを目指す者にとって、これは参考になる事例なのではと思う。

7　プライドと序列意識の間で――ナンバースクール

争奪戦だった旧制高校

甲子園の高校野球大会を見ていると、いろいろな名前の高校に出会える。公立、私立、付属校、ミッション系、企業名を冠するものなど、それぞれのカラーや歴史が表れていて面白い。

そうした中でも目につくのが、「第一」「第二」など番号のついた高校だ。本章では、こうしたナンバースクールの歴史を追ってみよう。

番号のついた学校名を日本に定着させたのは、いわゆる旧制高校だろう。一八八六（明治一九）年に高等中学校としてスタートし、一八九四（明治二七）年に高等学校へ改組された。これらは帝国大学への予備教育機関と位置づけられ、多くのエリートが巣立っていった。

江戸時代にも各藩に学問所はあったが、これらの名称は「弘道館」「造士館」など、それぞれの理念や方針を反映したものだった。これを全国統一の機械的な通し番号に改めたのは、国道などのケースと同様、中央から全てをコントロールしようという明治政府の意志の現れでもあっただろうか。

当初は全国を五区に分け、それぞれに一校ずつが設置されることになった。設置場所を巡っては激しい誘致合戦が起きたが、結局東京に第一、仙台に第二、京都に第三、金沢に第四、熊本に第五の各校が置かれることで決着する。また例外として、番号を冠さない山口・鹿児島の両高等中学校が置かれた。いずれも大藩のあった場所であり、藩閥政治の色濃かった時代背景が見てとれる。

これに続く六高は、広島・岡山両県出身の代議士が国会の廊下でつかみ合いを演じるほどの激しい争奪戦の末、岡山がその座を勝ち取る。七高は新潟・長野が争っていたが、政治力に物を言わせた鹿児島が横からこれを奪い取った。一九〇八(明治四一)年には、熱心な誘致運動に励んだ名古屋に八高が設立されるが、ナンバースクールの開設はこれで打ち止めとなった。新潟と長野による九高争奪戦がヒートアップしすぎ、互いを罵り合うまでになったことが原因といわれる。かくも激しい争奪戦が起きたのは、次代を担う人材育成こそが、地域及び国家発展の鍵であることを、明治の人々がよく知っていた証だろう。

ともかくこれ以降、新設の高校は地名を冠することになり、一高から八高はこれらより格上の存在と見られるようになった。戦後になって、これら旧制高校は大学へと再編されるが、その権威は長く残った。熊本出身の筆者の母など、「熊本大学は旧制五高やけん、他の国立大学とは格が違うばい」と、自分が卒業したわけでもない熊本大学を誇って見せる。ナンバースクールは、地域のプライドにも直結する存在であったのだ。

旧制中学でも、番号を冠する形式の命名が行なわれた。たとえば東京では第一中から第二十三中までが誕生し、その多くが現在では日比谷高校、立川高校といった都立高に引き継がれている。

その他の地方でも、番号名を名乗る中学が数多く誕生した。ほとんどの県で、第一中学は県庁所在地に置かれ、現在ではその多くが県を代表する名門高校になっている。

ナンバースクールの盛衰

戦後には、GHQの指示による学制改革が行なわれ、現在まで続く六ー三ー三ー四制のシステムが生まれた。前述の通り、旧制高校は国立大学へと再編されてナンバーは消えたが、新制高校には「第○高校」を名乗るところが多数誕生している。

GHQの指令で、大変革を受けたのは公立校ばかりではない。たとえば日本大学は、あまりの巨大さから財閥解体の対象となり、日大一高から三高までの付属高校を切り離されてしまった。この三校は、現在も「特別付属」という名称になっているものの、法人としては別物となっている。余談ながら、日本大学が戦後に設立した付属高校は「正付属」と呼ばれ、「日大山形」「日大藤沢」など地名を後ろにつけている。また、もともと別経営だった私立高校と提携関係を結んだ場合は「準付属」と呼ばれ、「札幌日大」「土浦日大」などと地名を先につけることとなっている。統一感のない名称には、こうした理由があったのだ。

東海大学も一一校の付属高校と、提携高校三校を抱えている。付属校のうち五校は、かつて東海大一〜五高校までのナンバーを名乗っており、高校野球ファンの方ならご記憶の方も多いだろう。しかし現在ではいずれも番号を廃止し、地名などをつけた校名へと変更されている。たとえば東海大一高校は東海大学工業高校と合併して東海大学付属静岡翔洋高校へ、東海大二高校は東海大学付属熊本星翔高校へといった具合だ。

この傾向は、付属高校ばかりではない。公立校でも、「第一」「第二」といった名称から、東西南北や地名を含む校名へ変更するケースが増えているのだ。たとえばかつての札幌第一、札幌第二、札幌市立第一高校は、それぞれ札幌南、札幌西、札幌東高校へと名前を変えている。

ナンバースクールの最後の牙城といえるのが茨城県で、今なお二九校が健在だ。戦後になり、男子校であった旧制中学を「第一高校」、高等女学校を「第二高校」へと名称変更したものだ。この時、いずれも制度上では男女共学とされたが、ずっと男子が入学しないため、いまだ事実上の女子高であり続けている水戸第二高校のような高校もある。ただし茨城県でも、近年に新設あるいは名称変更された高校に、「第一」「第二」などの名がつけられるケースはなくなっている。少子化によって学校の統廃合も進んでいるので、ナンバーつきの高校は減る一方だ。番号をつけると、どうしても必要以上の序列意識が生じるから、これは自然な流れなのだろう。

小学校や中学校には、もっと大きなナンバーのついた学校もある。こうしたナンバーつき小中学校は東京都の多摩地区に目立ち、立川市、東久留米市、東大和市、府中市、八王子市などはいずれも一〇以上のナンバーつき小学校を抱えている。中でも小平市には第十五小学校までが存在し、これが最多のようだ。一方中学校の方は、大阪府豊中市の第十八中学が最大の番号とみられる。いずれも高度成長期にベッドタウンとして人口が急増したエリアであり、東西南北をつけるくらいでは校名が間に合わなかったのだろう。

もっとも近年では、少子化による統廃合が進み、これらナンバースクールにもところどころ欠番ができつつある。人名でも「一」や「二」がつく名前が減って、個性的な名前が増える中、学校名も同様に個性を前面に出したものが目につくようになった。学校名ひとつにも、時代の流れは表れるものなのである。

8 「四戸《しのへ》」はどこへ消えた？——地名と番地

地名に潜む通し番号

身の回りのいろいろな番号の謎を追いかけていると、街で見かける様々な数字が気になってくる。たとえば地名にも、数字を含むものは少なくない。いわゆる「番号」とは少し違うが、数字入り地名には興味深いものが多いので、いくつか紹介してみよう。

また、本来の番号である住所の番地も、どのような順番に振られるのか、欠番があちこちにあるのはなぜかなど、なかなか謎が多い。そこで、本章の後半では番地についても考察してみたい。

なお、こうした地図・地名分野では、第一人者である今尾恵介氏が多くの著作を発表されており、本章ではこれらを大いに参考にさせていただいている。

数字入り地名には、いろいろなパターンがある。五和《いつわ》町、七会《ななかい》村（いずれも現在は消滅)などは、複数の自治体の合併によってできたものだ。番号に近いものとしては、有力な神社に由来する一宮、二宮などの地名がある。また、かつて一定の日に市が開かれたことに由来する、四日市や廿日市《はつかいち》などの地名もよく知られている。青森県八戸《はちのへ》市の中心部には三日町、六日町、十三日町などの地名がずらりと並び、商都として栄えた歴史を偲ばせる。

だが、一から順に揃ったナンバリング地名となるとそう多くはない。この類で最も大規模なのが、青森県東部から岩手県北部にかけて並ぶ、一戸《いちのへ》~九戸《くのへ》までの地名だろう。平成の大合併の荒波を乗り越え、いずれも地方自治体名として生き残っている。ただし二戸《にのへ》郡に一戸町はあるが二戸はなく(二戸は市として独立したため)、五戸《ごのへ》町は三戸《さんのへ》郡に属していたりなど、なかなかややこしい。

これらの由来にはいくつかの説があるが、青森県のウェブサイトでは、平安時代に置かれた糠部《ぬかのぶ》郡を九つのエリアに分けたのが始まりで、「戸」は「地区」を意味するという説を採っている。それまで蝦夷地とされてきた地域を討伐して設置された行政区域なので、それらしい日本語の地名がなく、数字で表す他なかったということだろう。

ただしこれらの地名にはいくつか謎も残っている。たとえば一戸から九戸までのうち、四戸だけが存在しない。もともとなかったとする説と、消滅したという説があり、八戸市櫛引地区や、五戸町志戸岸などが「幻の四戸」の候補に挙げられている。縁起の問題から、「死」を連想させる「四」だけが忌避された可能性はありそうだ。

「戸」地名のもう一つの謎は、これらの配列だ。一戸から七戸《しちのへ》までは南から北へと順に並んでいるが、八戸はこれらの東側、そして九戸は八戸の南側と、Uターンして折り返す形だ。このため一・二・九は岩手県に属し、三から八は青森県所属と、変則的な配置になっている。

これは、朝廷の征討軍が通った経路を踏襲しているという説もあるが、古くから日本の住居表示で採用されている「千鳥方式」に従ったとの見方もなされている。これは、たとえば五軒の家が二列に並んでいる場合、一列目の東から順に一番から五番の番号を振り、二列目は西から順に六番から一〇番を振るやり方だ。番地を追いながら家を探す場合、この配置なら番号の流れが途切れず、迷いにくい。一戸から九戸も、この順序であると考えれば得心が行く。ちなみにパリ市の行政区は、一区から二〇区まで中心から渦を巻くように配置されている。これも、千鳥方式と似た発想によるものだ。

こうした通し番号地名は、千葉県にも存在している。初富《はつとみ》、二和《ふたわ》、三咲《みさき》、豊四季《とよしき》、五《ご》香《こう》、六実《むつみ》、七栄《ななえ》、八街《やちまた》、九美上《くみあげ》、十倉《とくら》、十余一《とよいち》、十余二《とよふた》、十余三《とよみ》という地名が、千葉県北部に点在しているのだ。名称にバラエティがある上、東西五〇キロほどの広域に規則性なくパラパラと散っているため、一連の地名とは気づきにくい。

これらは、開拓地名と呼ばれるものだ。明治維新後、政府は失職した武士や庶民の就業対策と食糧増産を兼ねて、未開の地であった北総台地の開墾を奨励した。この時、順につけられたのが先述の地名だ。単なる番号でなく、佳字と組み合わせて独特の地名を編み出したあたり、開発の成功を願う心情が見て取れる。

名古屋市にも新田開発に由来する番号地名がある。現在の熱田区・中川区・港区にまたがる「熱田新田」が一番割から三十三番割にまで分けられたことに由来し、「一番」「五番町」などの地名として残っている。熱田区一番一丁目一番という場所もあるので、一番が大好きな人はぜひ訪れていただきたい。

同じく名古屋市中川区には「二女子町」「四女子町」「五女子町」という、ちょっと不思議なナンバリング地名もある。これは、かつてこの地に住んでいた大領主が、七人の娘を嫁がせる際、それぞれに土地を分与したことから起こった地名という。かつては一女子から七女子まで揃っていたが、現在は前述の三つが残るのみだ。それにしてもこの持参金の豪華さ、さすがは名古屋である。

このように、通し番号の入った地名は、それまで慣用的地名のなかった新規開拓地に多い。先ほど、新興住宅地に「第○小学校」が多いと述べたが、それとやや類似した現象ともいえようか。

しかし、東京都心にもナンバリング地名はある。皇居の西側に位置する、千代田区一番町から六番町の、いわゆる番町地区はその例だ。これは、徳川将軍を警護する一番組から六番組までの「大番」たちが住んでいたことに由来する。古く人気《ひとけ》のない旗本屋敷が立ち並んでいたことから、「番町皿屋敷」など怪談の舞台ともなった。現在では番町小学校をはじめとした有名学校や、各国大使館が立ち並ぶハイソな文教エリアとなっている。

ナンバリング地名は他にもあるから、見かけたら由来を調べてみていただきたい。これほど優れた、生きた歴史の教材は他にないと思う。

番地はなぜわかりにくいか

地名に引き続き、番地について述べてゆこう。住所の表記は、現在では多くの場所で

「○○市○○町○丁目○番○号」という形式となっている。しかし、このパターンから外れる住所もあり、たとえば京都市は通りの名を組み合わせた独特の表記法を採用している。

それ以外にも、「丁目」のない住所は多い。新潮社の住所は「新宿区矢来町七一」だし、茨城県龍ケ崎市役所のように「龍ケ崎市三七一〇番地」と、市名の下がいきなり番地という住所さえある。このため同市役所には「これで住所は間違っていないのか」という問い合わせがしょっちゅう来るそうだ。

これは、日本の住所に「住居表示」と「地番」の二系統があるためだ。先の例でいえば、「○丁目○番○号」という表記が「住居表示」、新潮社や龍ケ崎市役所の住所が「地番」の例だ。歴史的に見れば、地番の方が先に登場している。この方式が取り入れられるきっかけとなったのは、一八七三（明治六）年に行なわれた地租改正だ。これによって土地の私有が認められ、所有者ごとに分割された土地のひとつひとつに番号が与えられたのだ。

番号の振り方は、東から順に振っていったり、村の鎮守や戸長宅を一番にしたりなど、様々であったようだ。その後の番号は、前に触れた「千鳥方式」によったところが多い。

しかしその後、土地区画の統廃合や分割、河川改修や災害による土地の変化などにより、番号が飛び飛びになったり、煩雑な枝番号がつけられたりと、徐々に地番は複雑でわかりにくいものになっていった。実際、田舎などでは地番が飛び飛びであったり、あちこち不規則に並んでいたりで、宅配業者泣かせのところも少なくない。

このため一九六二（昭和三七）年に住居表示法が制定され、丁目・番地・号で表されるすっきりした形が導入された。地番が土地の権利範囲を示すものであるのに対し、住居表示は建物のありかを示すことに主眼が置かれている。このため、両者は必ずしも一対一に対応しない。

住居表示は主に都市部から導入されたが、従来通りの地番方式を残したところも多い。新宿区は約二五％のエリアで地番方式が残っており、先の矢来町もそのひとつだ。東京都多摩市のように、住居表示方式を取り入れず、今も全域で地番方式を採用しているところもある。また、住居表示を実施したところでも、地番が消えてなくなったわけではない。たとえば東京タワーの住居表示は港区芝公園四丁目二－八だが、港区芝公園四丁目四〇七－六という地番もまだ生きており、土地の登記はこちらでなされている。不動産取引の場合は地番が用いられるから、自分の土地の売買の際に初めて地番を見て、聞いたことのない住所だぞと首をひねった経験のある方もおられることだろう。

住居表示を決めるには政府から様々な基準が示されており、これによってよく言えば全国的に統一感のある、悪く言えば無味乾燥な住所体系ができあがった。たとえば丁目の数は、おおむね四～五丁目にとどめるとされている。これに逆らっているところはないか調べてみると、北海道帯広市西十九条南には四二丁目があり、これが現在最大のようだ。北の大地はこんなところまでスケールが違う。

単なる記号でしかない番号に、しばしば思い入れやブランド価値が発生することは、本書でも何度か取り上げてきた。番地ではどうかというと、やはり一丁目一番地がそれに当たるだろう。テレビ朝日や毎日新聞はそれぞれ六本木、一ツ橋の一丁目一番地に拠点を置いているし、帝国ホテルは千代田区内幸町一丁目一番地の所在だ。大阪市北区梅田一丁目一番地は大阪駅前の超一等地だし、日本初のバーとして有名な神谷バーは、台東区浅草一丁目一番一号にあることを売り文句としている。なお、皇居の住所が千代田区千代田一－一であることはよく知られているが、千代田には丁目の設定がないので、千代田区千代田一番一号というのが正式な表記だ。

しかし実を言うと、一丁目一番地が街の中心地であるケースは思ったほど多くない。渋谷・新宿・秋葉原や名古屋市中区栄一丁目一番地は、いずれも街の中心部から外れている。銀座に至っては、中央区と千代田区の境界が未確定である関係で、一丁目一番地が存在しない。

実は、東京二三区の一丁目一番地は、そのブロックで一番皇居に近いところと決められている。その他の自治体でも、市役所に近いところを一丁目一番地としているケースが多く、しばしば町外れが一丁目一番地になってしまうのだ。最近、政治家がよく「最優先課題」という意味合いで「一丁目一番地」という言い方を使うが、現実の街並みを見る限り、あまり適切な表現ではないのである。

9　選手が背負うもう一つの顔——野球の背番号

数字の魔力

野球ほど、数字に縁が深い競技は他にない。試合の進行は三振、四球、スリーアウトといったカウントの積み重ねで成り立っているし、打順や守備位置もみな数字で表され、選手の能力は打率や防御率といった数字で評定される。あらゆる面から見て、野球は数字の持つ魔力によって動いているスポーツだといえよう。

そんな野球選手の背中は、これまた背番号という数字で飾られている。野球に少しでも興味のある方なら、歴代の名選手の背番号をいくつか空で言えることだろう。王貞治の「1」、長嶋茂雄の「3」、落合博満の「6」、イチローの「51」などなど、記憶に残る背番号は枚挙にいとまがない。現代ならばダルビッシュ有や大谷翔平がつけていた「11」あたりが、野球少年たちの憧れの番号だろうか。

名選手を目指して努力してきた同タイプの選手が、あやかって番号を引き継ぐケースは多いから、それぞれの番号には特有のイメージが生まれてくる。主力投手が10番台をつけるのはその代表的な例だが、他にも22番（田淵幸一や小林誠司など）、27番（森昌彦や古田敦也など）、39番（若菜嘉晴や矢野輝弘など）は多くの捕手が背負っているし、7番は柴田勲、福本豊、松井稼頭央、西川遥輝ら俊足巧打のイメージがある。かつては二軍選手の番号であった51番や55番は、イチローと松井秀喜のおかげで強打者の憧れの番号となった。

このようなわけで、背番号は選手にとってもうひとつの顔であり、プライドやモチベーションに直結する重要な数字なのだ。有力選手の入団の際には、よい背番号の提示が重要な交渉材料となるし、若手選手はエースナンバーや一桁番号をいつの日か摑み取ることを夢見て、懸命に練習に励む。他の分野で用いられている番号の多くが、ほとんど人々の興味も引かず心にも残らない中、ここまで思い入れを持たれている番号はちょっと他にあるまい。

さて本論に入る前に、背番号と縁の深い守備番号について述べておこう。守備位置を数字で表すもので、「6－4－3のダブルプレー」などと、野球の実況でも頻出する数字だ。今でも高校野球では、基本的に守備番号をそのまま背番号としている。

この守備番号は、ちょっと不思議な並び方をしている。投手が1、捕手が2なのはわかるが、以下一塁手、二塁手、三塁手が3、4、5で、どういうわけか二塁と三塁の間に守っている遊撃手は6番となっている。

これは、野球の黎明期には遊撃手が投手の近くで守っていたためだ。打球を打者に近い位置で捕って他の塁へ送球する役回りであったことから、英語では「ショートストップ」と呼ばれ、日本では中馬庚《ちゅうまんかなえ》（「野球」の命名者）によって「遊撃手」と訳された。しかし時代を経るに従って、遊撃手は現在の守備位置に固定されるようになり、ショートという名称と6番という守備番号だけが、当時のままに残ってしまったのだ。

では背番号は、いつどのように始まったのだろうか。ちょっと意外なことだが、米メジャーリーグでは一八七六年の開始以来半世紀以上、背番号のない時代が続いた。選手を識別しやすくするため、袖などに番号を入れる試みは散発的になされてきたが、なかなか定着はしなかった。カレッジフットボールが、一九一〇年代には背番号を導入していたのとは対照的だ。

一九二九（昭和四）年、初めて本格的に背番号を導入したのはニューヨーク・ヤンキースとクリーブランド・インディアンスであった。ヤンキースは、背番号を打順に合わせて割り振った。3番ベーブ・ルース、4番ルー・ゲーリッグという永遠に記念される背番号は、こうして決まったのだ。8番と9番は捕手に与えられ、投手には11〜21番が充てられた。一桁番号は主力野手、10番台は投手がつけることが多いのは、こうした伝統があるためだ（ただし、現在のメジャーリーグでは10番台の投手は珍しく、多くは30番以降の大きな番号を背負っている）。

メジャーリーグで長らく背番号が普及しなかったのは、ファンが選手を識別しやすくなることで、球場で売られていたスコアカード（選手を紹介するカード）の売り上げが減ることを球団側が恐れたためであった。しかしいざ二球団が背番号を導入すると、ファンからは好評で入場者数は増え、グッズの販売増加など経営にプラスをもたらした。これを見た他球団も追随し、一九三二（昭和七）年にはほぼ全球団が背番号を採用するようになった。

日本プロ野球誕生

この流れは日本にも及んだ。一九三一（昭和六）年の日米野球第六・七戦で、日本代表チームが採用したのが始まりといわれるから、ずいぶん早期から背番号が導入されたわけだ。一九三四（昭和九）年には、現在の読売ジャイアンツの前身となる大日本東京野球倶楽部が結成され、翌年には米国遠征が行なわれた。この時には、背番号としてなんと漢数字が用いられている。日本らしさを強調しようとしたのかもしれないが、観客からは「彼らの背中のプラスやマイナスは何の意味だ」と、ずいぶん不思議がられたようだ。

翌一九三六（昭和一一）年には七チームによる「日本職業野球連盟」が設立され、プロ野球が産声を上げる。この時は全チームが算用数字の背番号を着けてスタートした。巨人は打順に合わせて番号を振るヤンキース方式を採用、一方ライバルの大阪タイガース（現・阪神）は、名前のイロハ順で背番号を決めていった。ただし若林忠志投手は、背番号4番になるところを縁起が悪いとして拒否、空いている中で一番若い番号の18番をつけた。後に若林は「七色の変化球」と呼ばれ、タイガースの初代エースとして活躍する。もし若林が順番通り4番をつけていたなら、18番がエースナンバーという伝統

（後述）は生まれていなかったかもしれない。

こうしてスタートした日本プロ野球だが、一度だけ選手の背中から番号が消えた時期がある。一九四一（昭和一六）年に始まった太平洋戦争は、年を追って激化し、野球界にも影を落としていった。敵性語排除のため、ストライクは「よし一本」、アウトは「ひけ」など、用語の置き換えが強制された。選手は次々に徴兵され、残った者も工場での労働と空襲警報の合間にかろうじて試合を続けるだけとなってゆく。そして一九四四（昭和一九）年には、ついに選手たちの背中から背番号が消えた。背番号は興行色が強く、米国的であると見なされることを恐れたための措置であった。しかしこの年の秋から、プロ野球は中止と決まる。晴れて背番号が復活するのは、一九四六（昭和二一）年のことであった。単なる選手識別のための記号であった背番号は、平和と復興の象徴になったのだ。

エースナンバーの系譜

ここ一番、どうしても勝ちたい場面でチームの期待を背負ってマウンドに上がり、爽快なピッチングで敵打者をバッサバッサと斬って捨てる。そんなエースこそは、野球フアンの永遠の憧れだ。

「エース」という言葉は、一八七〇年代にシンシナティ・レッドストッキングスの主戦投手であった、エイサ・ブレイナードの名に由来するといわれる。これが、トランプで最強の札であるA（エース）のイメージと相まって、最高の投手を指す言葉となっていったのだろう。

そのエースピッチャーが背負う背番号は、日本では18番とされてきた。この習慣は本場アメリカにはなく、それどころかエースナンバーという考え方自体が存在しない。英語の辞書にもace numberの語はなく、どうやら和製英語であるようだ。あちらではトレードも多く、また名選手の背番号はすぐに永久欠番となってしまうため、番号を代々受け継ぐという発想は薄い。偉大な選手の番号を継承するというのは家元の襲名にも似て、東洋的な考え方なのかもしれない。ただし、前田健太や菊池雄星のように、日本人投手がメジャー入りした場合に18番が渡されるケースは多く、エースナンバーという日本の習慣が、米国でも受け入れられたともいえそうだ。

ではこの「エース＝18番」が定着したのはいつごろだったのだろうか。プロ野球草創期を代表する大投手である沢村栄治は14番、ヴィクトル・スタルヒンは17番をつけており、この時点では18が特別視されていた形跡はない。ただし、タイガースの初代エースである若林忠志、東京セネタースなどで活躍した野口明などが18番をつけており、彼らが18番をエース番号として最初に印象づけたといってよさそうだ。

終戦後、再開されたプロ野球のマウンドで18番は輝きを放つ。一九四七（昭和二二）年、阪神の梶岡忠義、阪急（現・オリックス）の野口二郎、東急（現・日本ハム）の白木義一郎、太陽（現在は消滅）の真田重蔵ら、18番を背負った投手が揃って二〇勝以上を挙げたのだ。おそらくたまたま彼らが一斉に活躍したことが、18番のイメージを決めたのだろう。

一時期活躍した選手が出ても、これを受け継ぐ者が出なければ、エースナンバーは定着しない。この意味で、最も大きな貢献をしたのは、やはり読売ジャイアンツの18番だろう。中尾碩志－藤田元司－堀内恒夫－桑田真澄といずれ劣らぬ名投手に受け継がれ、その価値を大いに高めた。二〇一二（平成二四）年に、杉内俊哉にこの番号が提示された時には、外様の左腕投手に伝統の18番を渡すのはどうかとの反発もあったが、杉内は移籍後三年連続二桁勝利という実績でみごと雑音を封じてみせている。

エースナンバーの輝きは、時に選手やチームの運命さえ変えてしまうこともある。一九五六（昭和三一）年、鳥取・境高校の投手米田哲也は、高額の契約金を提示してきた阪神・広島・大毎（現・ロッテ）などを蹴り、当時弱小球団であった阪急ブレーブスに入団した。その理由はといえば、阪急のみが米田に背番号18を与えると告げたからであったという。米田はこの期待に応え、一九年連続二桁勝利を含む通算三五〇勝（歴代二位）と、阪急の屋台骨を長く支えた。背番号18を燦然と輝かせた、史上に残る大投手の一人だ。

その他、長谷川良平、高橋一三、太田幸司、郭泰源、佐々岡真司、伊良部秀輝などなど、「18」を背負った名投手は球史に数多い。野球ファンであれば、誰もが記憶の中にそれぞれの18番像を持っていることだろう。

しかしこの栄光の背番号18は、今や危機に瀕している。かつて18をつけていた田中将大（楽天）、三浦大輔（DeNA）らのエースがチームを去った後には、ふさわしい後継者は現れず空き番となっている。二〇一七〜一八年には、日本ハムで野手の岡大海が18番を背負う事態も起きた。彼の名が、かつての人気漫画「エースをねらえ！」の主人公・岡ひろみと同じ読みであることにちなんだものというが、エースナンバーの価値凋落の象徴と見えなくもない。

代わって二〇一〇年代には、19番が幅を利かせつつある。巨人では、上原浩治・菅野智之らが主戦投手として活躍したし、藤浪晋太郎の阪神入団の際には「エースを超えたスーパーエースになってほしい」として、18よりひとつ大きな19番が与えられた。その他、石川雅規、野村祐輔、金子弌大、山﨑康晃など各球団のエース級、さらに海の向こうでは田中将大も19番を背負っている。これが受け継がれていけば、19番こそがエースという認識に変わっていくだろう。

ただし最近になり、巨人の菅野智之、オリックスの山本由伸といったエース級投手が18番へ背番号を変更した。二〇一八年パ最多勝の西武・多和田真三郎や、日本ハムの若きスター吉田輝星の背中にも18番が躍っている。いったん輝きを失ったエース番号が、復権する日はやってくるだろうか。

監督の背番号

二〇一七年、阪急ブレーブスなどで計二〇年にもわたって監督を務め、三年連続日本一など輝かしい実績を挙げた、上田利治氏が亡くなった。この名将が、ブレーブスの監督として一貫してつけていた背番号が「30」であった。他チームの監督は軒並み70・80

番台であったから、子供心に少々違和感を覚えたものだ。

実をいうと、昭和三〇年代頃までは、多くのチームの監督が背番号30をつけていた。当時は選手やコーチまで含めても一チーム三〇人以下であったため、監督が最大の番号である30番を背負うケースが多かったのだ。上田氏は、この伝統の最後の継承者であった。

その後、選手の増加に従って監督の番号はだんだん大きくなってゆく。現在のような70番台以降の番号を定着させたのは、巨人の黄金時代を築いた川上哲治監督であったろう。監督就任から四年間は現役時代の16番をそのままつけていたが、一九六五（昭和四〇）年に背番号を77番に変更し、ここから巨人を九連覇へと導いた。77を選んだのは、当時の人気ドラマ「サンセット77」にあやかったものだという。

現在では各チームとも監督・コーチが70番以上の大きな番号をつけることが当たり前になっているが、本場アメリカにはこうした習慣はなく、一桁など若い番号を選ぶ監督も多い。かつて千葉ロッテのボビー・バレンタイン監督が2番をつけていたが、これもメジャー流であったわけだ。

その他、現役時代の番号をそのままつける者（金本知憲の6、高橋由伸の24など）、現役時代の番号を重ねた者（長嶋茂雄の33、落合博満の66、山本浩二や原辰徳の88）など、様々なやり方がなされてきた。ホークス時代の王貞治監督は「野球」にちなんだ89番であったし、渡辺久信は「野球に完全はないが、せめてその一つ下を目指したい」として99をつけた。背番号は、野球に対する思いを表現する場でもあるのだ。

拡大する背番号

近代野球の成熟に従って選手・コーチの人数は増加し続け、育成選手制度なども導入されたため、二桁までの番号では足りなくなってきた。このため、以前にはなかった番号の使用例が出てきている。

背番号0は、戦後にブルペン捕手などがつけた例があるが、選手としては広島の長嶋清幸が一九八三（昭和五八）年につけたのが最初だ。前年に66番をつけてレギュラーの座を摑んだ長嶋だが、よい空き番号がなかったこと、またその年にカープが「ゼロからのスタート」をスローガンに掲げていたこともあり、0番を背負うこととしたという。その後長嶋は四度のゴールデングラブ賞受賞を果たすなど活躍し、移籍先の中日・阪神でも0番をつけた。当初は異様なイメージも強かった0番を野球界に定着させたのは、長嶋の功績といってよいだろう。

0番が上々のスタートであったのに対し、00番は苦難の船出であった。日本で初めて背番号00をつけたのは、阪神のルパート・ジョーンズだ。二年連続三冠王を獲得したあのランディ・バースの後釜として、一九八八（昭和六三）年のシーズン途中で入団した選手だといえば、ご記憶の方もおられるだろう。しかし彼は、来日当時すでに肩を痛めており、一塁から投手への返球すらままならない有様であった。打撃の方もバースの代役には程遠く、シーズン終了後に解雇の憂き目を見ている。

しかしこの四年後、阪神で突如この番号を輝かせたのが亀山努だ。背番号を67から00に変えて臨んだこの年、彼は一塁へのヘッドスライディングをはじめとするハッスルプレーで一躍人気者となる。活躍期間は短かったが、鮮烈な印象を残した選手であり、背番号であった。こうしたことから0番や00番は、主力選手というよりも曲者のバイプレイヤーがつけることが多くなっている。

阪神には、「02」という市外局番のような背番号をつけた選手もいた。一九九三（平成五）年にトレードで入団した、松永浩美がその人だ。当初は背番号2をつけていたが、シーズン途中から「鬼のように強く」の意を込めて02へと背番号を変更した。現在では、

0から始まる二桁番号は00以外認められないルールになったので、こうした番号を一軍で背負った選手は、後にも先にも松永一人だけだ。しかし松永はこの年のオフに「阪神とは縁がなかった」と言い残し、ダイエーホークスへとFA移籍する。史上唯一の02番は、ファンと松永双方に後味の悪い思い出を残す番号となってしまった。

一方、三桁の番号を背負って活躍したのは広島のロビンソン・チェコ投手で、一九九五（平成七）年に背番号106をつけて一五勝を挙げた。この番号をつけたのは一年限りであったが、忘れ難いインパクトを残した番号だ。一九九三（平成五）年には、日本ハムが二村忠美の背番号を、秘密兵器の意味を込めて「007」にしたいと申請した。面白い発想ではあったが、認めると奇妙な番号が溢れ返りかねないからか、これは却下となった。この時、パ・リーグで支配下選手の背番号は00及び0〜99までの整数と取り決められ、後にセ・リーグもこれに追随している。

二〇〇六（平成一八）年には育成選手制度がスタートし、育成選手は三桁の番号を背負うことが決められた。支配下登録を受けて正式な選手に昇格すると、背番号は二桁に変更されるから、これが育成選手たちの大きな目標となっている。育成選手には0で始まる三桁番号も認められており、前述の007番をつける選手も現れている。中日では育成選手の背番号に200番台を充てており、福敬登投手が一時期つけた234番が、日本プロ野球史上最大の背番号となっている。

メジャーリーグには、もっと変わった背番号をつけた選手もいた。一九五一（昭和二六）年にセントルイス・ブラウンズ（現ボルチモア・オリオールズ）から一試合だけ出場した、エディ・ゲーデルがその人だ。背番号は、なんと整数ですらない1／8であった。ゲーデルは身長が一〇九センチしかなかったが、ブラウンズはこの日のために出場契約を結び、選手登録も行なっていた。代打で登場したゲーデルのストライクゾーンはあまりにも狭く、投手はストライクを取れず四球となり、すぐさま代走が出された。この奇策は各方面から批判を浴び、ゲーデルはこの一試合のみで出場が禁止となったが、背番号1／8のユニフォームは野球殿堂に展示されている。余談ながら、彼の甥の息子であるカイル・ゲーデルも野球選手となっているが、面白いことに一九三センチの大男なのだそうだ。

背番号をつけるのは何も選手ばかりではない。楽天は10番、千葉ロッテは26番を、ファンのための番号として欠番としている、それぞれ、ファンを試合に出場する九人、ベンチ入りする二五人に続く存在としたものだ。また北海道日本ハムは、野球をこよなく愛したことで知られる、大社義規・元オーナーを記念して背番号100を永久欠番としている。

その他、読売ジャイアンツはファンに四桁の背番号所有権を発行し、番号と名前入りユニフォームを販売している。選手と同じロゴデザインの背番号を背負って、スタンドで声を張り上げるファンの姿はどこか誇らしげだ。背番号は単なる選手識別の記号を超え、選手とファンをつなぐ絆ともなっている。

背番号などなくとも、野球というスポーツはもちろん何の問題もなく成立する。だが背番号のない野球など、想像しただけで味気ない。選手たちの背中を飾る数字は、ファンとプレイヤーの間をつなぐ、まことに偉大な発明というべきだろう。

10　神様は10番がお好き——サッカーの背番号

エースストライカーの背中

どの競技にも、選手誰もが憧れるナンバーというものがある。カーレースなら、チャンピオンナンバー「1」を目指して、全レーサーがしのぎを削る。バスケットボールなら、「神様」マイケル・ジョーダンのつけた23番などは、もはや神格化されているといってもよい。

サッカーなら、憧れのナンバーはやはり背番号10だろう。ディエゴ・マラドーナ、ジーコ、ミシェル・プラティニ、ゲーリー・リネカー、ロベルト・バッジオといった歴代の名手がこの番号で活躍し、近年でもロナウジーニョ、カカ、ネイマール、リオネル・メッシなどのスーパースターが10番を背負っている。日本代表でも、香川真司と本田圭佑のどちらが10番をつけるかが話題を集めたこともあった。英国のマンチェスター・ユナイテッドのように、背番号7を伝統のエースナンバーとしているところもあるが、10番はやはり別格だ。この伝統は、いつどのように生まれたものなのだろうか。

サッカーで背番号が導入されたのは、一九二八（昭和三）年八月二五日にイングランドで行なわれた、アーセナル対チェルシー戦であったといわれる。野球のメジャーリーグで背番号が採用されたのが一九二九年四月だから、サッカーの方がほんの少し先輩ということになる。背番号を提案したのは、アーセナルの名監督ハーバート・チャップマンであった。彼は、本拠地の最寄り駅の名を「アーセナル」に変更させたり、夜間照明を導入したりなど、さまざまなアイディアで観客の増加を図り、自軍を人気チームに押し上げたことで知られる。

このとき、ゴールキーパーを1番とし、自軍ゴールから敵ゴールに向けて順に番号が振られた。その後、フォーメーションは時代によって変化していくが、背番号のつけ方は基本的にこの伝統が守られている。このため、2〜5番がディフェンダー、6〜8番はミッドフィールダー、そして、ストライカーあるいはゲームをコントロールする能力のある者が9〜11番というイメージが定着している。

その中でも10番がエース番号となったのは、「サッカーの神様」ことペレの活躍によるところが大きい。一九五八（昭和三三）年のワールドカップで、わずか一七歳でブラジル代表となったペレは、大会通算六得点を挙げる活躍で母国に優勝をもたらした。以来、10番は各国のストライカーの憧れとなっていく。この時のブラジル代表はくじ引きで背番号を決めており、ペレの10番は全くの偶然であったというから面白い。

伝説の14番

一九五三（昭和二八）年まで、サッカーでは選手の交替が認められず、ピッチに立つのは基本的に1番から11番までの選手であった。その後もしばらく、12番以降は控え選手の番号という時代が続く。

その格下の番号に光を当てたのは、七〇年代オランダのエースであったヨハン・クライフだ。彼は、誰も身につけていない14番を自分の番号にすると宣言し、所属チームのアヤックス及び代表チームで、一貫して「14」をつけ続けた。クライフはトータルフットボールを提唱し、小国オランダのサッカーを、ワールドカップで優勝を争うチームへと育て上げた。

彼はサッカー上達のための「クライフの14のルール」を制定し、自伝の章立ても14章にするなど、生涯を通じてこの数字にこだわり続けた。クライフはサッカーの考え方に革命を起こしたといわれるが、背番号に関しても、単にポジションを表すものから、個人を象徴する数字に変革してみせたといえよう。

こうしたこともあり、各国のリーグで背番号は個人に固定されるようになっていった。Jリーグにおいても、一九九三（平成五）年の開幕当初は、先発選手がポジションに応じて1から11までの番号をつけたが、一九九七（平成九）年からは選手ごとの固定番号制に変更されている。こうした固定番号化は、他のさまざまな競技でも見られる傾向だ。

Jリーグでは、プロ野球ほど選手数が多くないためもあって0番や00番は認められておらず、上限も50番までだ。背番号1はゴールキーパー、2〜11はフィールドプレイヤーがつけることになっているが、その他には規定はない。

こだわりの番号あれこれ

背番号に、強い愛着を持つ選手は多い。特に10番を背負いたがる選手は多く、この番号に関するエピソードには事欠かない。たとえば一九八二（昭和五七）年のワールドカップでは、アルゼンチン代表はアルファベット順に背番号をつけたが、マラドーナのみ順番を破って10番を背負った。またポルトガルのパウロ・フットレは、ウェストハムに所属した際に16番を与えられたことに激昂し、弁護士を立ててまで10番を要求した。結局彼は一〇万ポンド（約一二七四万円）を支払って背番号10を手に入れたというから、そのこだわりは尋常ではない。

一方、日本で有名なのは、三浦知良の背番号11だろう。これまでプレーしたほとんどのチームで11番を背負っており、日本代表のキャプテンに選出されたときも10番を断って11番をつけた。車のナンバーも11番、駐車場で11番に車を止めることはもちろん、契約延長の発表も毎年11月11日11時11分に行なうという徹底ぶりだ。

移籍の盛んな欧州などでは、移籍先で自分のこだわりの番号が空いていないケースも多い。長友佑都はインテル移籍の際、それまでつけていた5番がすでに使われていたため、二つ重ねた55番を選択した。同様の理由で、ブラジル代表のロナウドもACミランで背番号99を背負っている。

そのACミランには、80番台や90番台をつける選手が多い。これは、生まれた年の西暦下二桁を背番号にしているもので、ロナウジーニョの80番、エル・シャーラウィの92番などが知られている。また、元フランス代表のリザラスは、一九六九年生まれで身長一六九センチ、体重六九キロであったことから、69番を背負った。ここまで来ると、運命の数字という他はない。野球界ではこうしたケースは少なく、大正一一年生まれの別所毅彦がつけた11番、一九八五年生まれでヤクルトに四年間在籍したミレッジの85番などがある程度だ。

ユニークなのは、チリ代表であったサモラーノのケースだ。彼はインテル在籍時に9番を背負っていたが、スター選手のバッジオが加入した際に、バッジオが10番、それまで10番だったロナウドが9番を付けることになり、サモラーノは18番に変更されてしまった。そこでサモラーノは、ユニフォームの背番号の1と8の間に小さな「+」の文字を縫い付けるという奇策（?）に打って出たのだ。1＋8で、自分こそは9番を背負うべき存在という主張の表れであっただろうか。

かくも、選手と背番号の結びつきは強い。どの競技であれ、当初は区別のために機械的に決めていた番号に、やがて思い入れと物語が付加され、選手個人の、そしてファンのものになっていく流れは同じであるようだ。ただの数字になぜというべきか、無味乾燥な数字だからこそ思いを乗せやすいのか、どうにも番号とは不思議である。

11　サーキットに散った伝説の27番——F1レース

F1誕生

カーレースの歴史が始まったのはいつか——という質問に、「この世に二台目の車ができた時だ」と答えた人がいるという。人間にはスピードへの憧れがあり、競争心、対抗心がある。車という乗り物ができるや否や、最速の座を巡る争いが始まったというのは、決して大げさな物言いではないだろう。

記録に残る世界最初のレースは、自動車の黎明期である一八八七（明治二〇）年にフランスで開催されている。一九〇〇年前後には早くも、サーキットレースや公道レース、長距離のラリーといった、現在行なわれているレースの形式がほぼ出揃っているという から、驚くほかはない。一九五〇（昭和二五）年には、厳密な規格のマシンで、各国を転戦してチャンピオンの座を争う、世界最高峰のレースF1グランプリが誕生する。

誕生から七〇年ほどの歴史を経たF1は、いろいろな面で当初とはずいぶん様変わりしている。変わりないのは、レースごとに入賞者に対して順位に応じたポイントを付与し、年間の合計ポイントでチャンピオンを決するという仕組みだ。かつてはレースごとにドライバーが入れ替わっていた時代もあったが、近年では車両を製造する各チーム（コンストラクター）に二名ずつのドライバーが所属し、基本的に年間を通して同じドライバーが出走することとなっている。

しかしレースでは、似たようなデザインの車が猛スピードで走り抜けるわけだから、どの車両が通ったか見分けるのは簡単ではない。ということで、車体の目立つ位置にカーナンバーを表示することは当初から行なわれていた。ただし、当初はレースごとにドライバーが契約を交わしていたため、カーナンバーは一定しなかった。番号がドライバーごとに固定されるのは、一九七三（昭和四八）年のシーズン途中からのことになる。

カーナンバーは、基本的にチームごとに連番で振られ、チーム内でエース格のドライバーが若い番号をつけることが多かった。また、キリスト教圏で不吉な数字とされる13は、長らく欠番とされてきた。これは一九二〇年代のレースで、13番をつけたドライバーが連続して事故死した影響のようだ。このため、資金の関係などで一台のみをエントリーしているチームには、カーナンバー14が与えられることが多かった。

そしてカーナンバー1は、前年のチャンピオンがつけるものと定められた。たとえばカーナンバー8をつけたドライバーがチャンピオンを獲得した場合、翌年からその所属チームは1と2をつけ、前チャンピオンの所属チームは入れ替わりに7と8を使用する仕組みだ（なお、F1ではドライバー個人のポイントを競うドライバーズチャンピオンと、チームの合計ポイントを競うコンストラクターズチャンピオンがあるが、ここでいう「チャンピオン」は前者を指している）。

チャンピオン不在のシーズンはどうなるか？　これが実際に起きたのが、一九九三（平成五）～一九九四（平成六）年シーズンであった。前年にウィリアムズチームから出走してタイトルを獲得したナイジェル・マンセルが、一九九三年には米国インディカー・シリーズに移籍してしまったため、1番のつけ手がいなくなってしまったのだ。

このためウィリアムズチームは、カーナンバー0と2を用いるよう決定されたが、エースドライバーのアラン・プロストは2番を選択したため、パートナーのデイモン・ヒルに0番が回ってきたのだ。そしてこのシーズン、プロストは晴れてドライバーズタイトルを獲得すると、そのまま引退してしまう。というわけで翌九四（平成六）年シーズンも、ヒルは0番をつけて参戦している。他には一九七三（昭和四八）年に、ジョディ・シェクターが二戦だけ出走した例があるのみで、カーナンバー0は非常に珍しい。これに限らず、ヨーロッパでは0という数字は嫌われる傾向にあるようだ。

この時代のF1では、チームを移籍すると番号も変わってしまうため、特定の番号とドライバーがなかなか結びつきにくかった。その中では、ナイジェル・マンセルがウィリアムズチームでつけていた5番がよく知られる。彼のマシンのカーナンバー5は赤で描かれていたため、「レッドファイブ」の異名で親しまれた。別のカテゴリーに移った後も、赤い5番は継続して用いられており、「大英帝国の愛すべき息子」のよきトレードマークであった。

伝説のカーナンバー27

もうひとつ、伝説ともなったカーナンバーが27番だ。一九八一（昭和五六）年、この番号をつけてフェラーリから出走したジル・ヴィルヌーヴは、闘志溢れる走りでファンを魅了する。前年、新興チームにチャンピオンの座を奪われたためにつけていた不本意な重たい番号を、ヴィルヌーヴはフェラーリのエースナンバーに変えてみせたのだ。しかし彼は、その翌年のベルギーGPで悲劇的な事故死を遂げる。27番を彼のための永久欠番にしようとの動きもあったが、これは実現しなかった。

その後の27番は、ナイジェル・マンセル、アラン・プロスト、アイルトン・セナ、ジャン・アレジら名ドライバーに引き継がれ、F1史上に残る輝きを放っている。ちょうど日本でもF1ブーム真っ盛りのころであり、彼らの走りに胸を熱くした記憶のある方も多いことだろう。ただし一九九六（平成八）年にカーナンバーの制度が変更となり、前年のチーム成績順に全ドライバーの番号が振り直されることになった。これにより、カーナンバーは毎年大きく変動するようになる。チーム数も減ったため、伝説の27番をつけるドライバーはしばらく出なくなってしまった。

番号を覚えにくいこの制度は評判が良くなかったのか、二〇一四（平成二六）年からはドライバーによるナンバー選択制度が導入された。ドライバーはF1参戦が決定した段階で好きな空き番号（二桁以下）を選び、F1を走る限りその番号をつけ続ける。ただしドライバーがF1を離れて二年経つと占有権は失効し、他のドライバーがその番号を選べるようになる。米国のインディカー・シリーズなどの制度を取り入れたもので、やはり数字と個人がしっかり結びつく方が、思い入れも高まるというものだ。

番号の選択理由はいろいろだが、レースを始めた時の番号、初めて王座を獲得した時の番号など、縁起をかつぐ者が多いようだ。しかしパストール・マルドナドのように、かつて忌み嫌われた13番をあえて選択した者もいる。

伝説の番号27はニコ・ヒュルケンベルグが用いているが、その理由は彼が八月一九日生まれなので、両方の数字を足したというものだ。一九八七（昭和六二）年生まれの彼にとって、ヴィルヌーヴやセナの伝説はもはや歴史の彼方のものなのだろう。

また制度改正以降五度の王座に輝いているルイス・ハミルトンは、チャンピオンの権利であるカーナンバー1を選択せず、「これが自分の番号だ」として44番をつけ続けている（二〇一八（平成三〇）年最終戦のフリー走行のみ、チームメンバーの願いを受けて1番をつけて走った）。実は米国のインディカーでも、チャンピオンは翌年に1番を選択せず、個人の番号を使い続ける選手が多い。1番の栄光、27番の伝説よりも、個人の思い入れの方がずっと強く働く。これも番号というものの持つ、一種の魔力でもあるだろうか。

12　腱鞘炎を防いだ縞模様——バーコード

アナログとデジタルをつなぐ

クレジットカードや自動改札など、今や自動読み取りシステムは身の回りに溢れている。携帯電話やインターネットと並び、もはやなかった頃には決して戻れないシステムといっていいだろう。中でも古くから用いられ、今も最も身近なのが、いわゆるバーコードの類だ。商品に印刷された縞模様を、読取機にかざすだけで瞬時にレジ操作が終わり、ミスも少ない優れた技術だ。

バーコードのルーツは意外に古く、一九四九（昭和二四）年まで遡ることができる。この頃はバーではなく同心円状の形で、「ブルズアイ・コード」と呼ばれていた。やがて現在の形状が開発され、一九七〇年代から実用化が進んだ。米国で大きく普及したのは、店員の腱鞘炎対策のためだったという。巨大なスーパーマーケットで、カートに山盛りの商品を買っていくのが当たり前の米国では、レジの際にキーを叩く店員の手首が保たず、数ヶ月で仕事不能になってしまう。これを解決すべく、自動読み取りが工夫されたというわけだ。

これまでバーコードには多くの規格が登場しており、その数は数十にも上るといわれる。最も身近なのはＪＡＮコード（海外ではＥＡＮコード）と呼ばれるタイプで、今やほとんどの商品につけられている。ご覧いただければわかる通り、ここには商品情報を表す一三桁の数字（八桁の短縮型のものもある）が記載されており、その上にバーコードが印刷されている。バーコードの数本の線が数字ひとつに対応しており、読取機はここに光を当てて、反射してきた光を受け止めて読み取る。数字の方は、バーコードの汚損などで読み取りができない場合、人間が目で読み取って入力するための、あくまで控えとして印字されている。

さて、この数字は何を意味しているのだろうか。先頭の二桁は国番号で、日本の製品には45または49が割り当てられている。続く七桁は企業コードで、商品を製造している会社に対して割り当てられる。その後の三桁は商品アイテムコードで、同じ会社内の商品ひとつひとつに対して振られていく。

商品コードは、販売形態が違っていれば全て別々に番号を振る。同じジュースのペットボトルと缶でも違う番号だし、缶一本と二四本パックでも異なる番号が振られる。というわけで、多くの商品を出している会社では三桁の商品アイテムコードではすぐに番号が足りなくなるので、申請して新しい事業者番号を取得することになる。であるので、「この会社は何番」とは簡単にいえない。

ちなみにかつては企業番号と商品アイテム番号がいずれも五桁だったが、企業数の増加で番号が枯渇したため、二〇〇一年より現在の形に変更された。このへんは、以前に取り上げた市外局番の変更と似た事情である。五桁時代には、セブンイレブンが０３７１１、ニチイが０２１２１といったように、企業名にちなんだ番号を確保している企業もあったのだが、その努力も無になってしまった。

バーコードの最後の桁は、商品情報を表すものではない。この最後の一桁はチェックデジットと呼ばれるもので、上一二桁の数字に一定の計算を施した結果出てくる数字だ。もしバーコードの読み取りにミスがあり、どこか一桁を読み間違った場合、計算結果がこのチェックデジットと食い違うために高い確率で検知できる。バーコードの読み取り精度を、大幅に高めている仕掛けだ。わずか数桁の情報しか記録できない古いテクノロジーでありながら、信頼されて長く使われているのは、こうした工夫のおかげでもある。

さてこのバーコードの数字が、産地偽装の一種ではと騒がれたことがある。たとえば中国の国番号は本来６９０～６９５だが、中国製でありながら日本と同じ49がついた製品があるというものだ。だがこれは別に偽装などではなく、国番号は商品の発売元やブランドオーナーなどの所属する国によってつけられる。日本の企業が海外に製造委託しているケースなどでは、45または49から始まる番号がつくのだ。たとえば国内で買えるギネスやハイネケンの缶ビールは、４９０１４１１で始まる番号がついている。これは日本での販売契約を結んでいる、キリンビールの番号だ。

広がるバーコードの世界

もしかするとこのあたりのバーコードの事情に、やたらに詳しい世代がいるかもしれない。一九九〇年代、「バーコードバトラー」なるゲーム機が、子どもたちの間で大流行したからだ。さまざまな商品についているバーコードをこの機械で読み取るとキャラクターが生成され、記されたデータをもとに攻撃力や守備力が決まるというものだ。強力なキャラクターを求めて、さまざまなバーコードをスキャンして回った記憶のある方もおられるだろう。「少年ジャンプ」や「コアラのマーチ」、49以外の数字で始まる輸入品のバーコードが強いなどという情報が出回り、店頭でこれら商品のバーコードだけが剝がし取られる事件さえ起きた。これだけ流行したのも、身近なバーコードに目をつけた、着眼点のよさゆえだったろう。

このブームはしばらくして沈静化したが、最近になってまたバーコード読み取りを利用した釣りゲームが登場した。スマートフォンで遊べる、バーコードを利用したゲームなども多数登場している。

近年では読み取り技術も進歩し、スマートフォンやタブレットなど高性能端末も普及したので、バーコードの進化形も工夫されている。すでに広く普及しているQRコードはその代表で、一九九四（平成六）年にデンソーの社員が、趣味の囲碁をヒントにして開発したものだ。最大のサイズでは数字で七〇八九字分、漢字なら一八一七字分と、バーコードとは文字通り桁違いの情報量を格納できる。これを利用したキャッシュレス決済は、現代社会を大きく変えつつあるテクノロジーだ。

読み取り技術の進歩はなおとどまるところを知らず、さらに高速かつ多数の同時読み取りを可能にする「カラーコード」なども登場した。店のレジに買い物かごをポンと置けば、一瞬で支払い金額をはじき出してくれるようになる日も、そう遠くないかもしれない。印刷物などのアナログな情報を、番号や文字などのデジタルな情報に変換することのテクノロジーには、まだまだ鉱脈が眠っていそうだ。

13　情報のいたちごっこは続く——図書分類

若き分類魔たち

愛書家にとって、いかに本を整理するかは根源的な悩みであろう。筆者も商売柄、それなりに本をたくさん持っている方なので、「あの本はどこへやったか」「こんな本があったはずだが」とうろうろする機会は多い。図書館のように、全ての本に分類番号のシールを貼って管理するかとも思うが、番号が好きな割には分類整理の苦手な筆者にはどうも長続きしそうにない。

この分類番号は、ほとんどの図書館で共通のシステムが採用されており、たとえば有機化学は437、日本の小説は913といった具合に、ジャンルごとに番号が与えられている。ではこの分類番号は、どのように決まっているのだろうか。

その源流を探っていくと、アメリカのメルヴィル・デューイという人物が一八七六

（明治九）年に発表した図書分類法にたどり着く。彼が創案したのは、0から9のアラビア数字を用いて階層的に分類を行なう、シンプルながら強力な体系であった。彼は五歳のころには家庭用品を組織的に並べ替えて母親を驚かせ、二五歳でこの分類法を発表したというから、まさに筋金入りの分類整理マニアだ。筆者など、彼の爪の垢でも煎じて飲まねばならない。

さらにこのデューイの分類法を元に、日本の事情に合わせた体系を創案したのが森清であった。これが発表されたのは一九二九（昭和四）年、森が二二歳の時であったというから、こうした事業は若く馬力のあるうちでないとできないということだろうか。

もともと森の個人事業として始まったこの分類法は、改訂を重ねつつ受け入れられてゆき、戦後からは日本図書館協会の分類委員会が改訂を受け持つようになった。これが現在、国内の図書館ほぼ全てで採用されている「日本十進分類法」だ。現在の最新版は、二〇一四年に発表された第一〇版である。

分類への苦闘

分類システムは、書籍を一〇種類に分類する「類」、さらに類を一〇種類ずつに分ける「綱」、綱を一〇種類ずつにわける「目」があり、その下にさらに細かい分類も存在する。生物の分類にちょっと似たシステムだ。最大の区分である「類」は、3桁番号の先頭の数字として表され、0が総記、1が哲学、2が歴史、3が社会科学、4が自然科学、5が技術、6が産業、7が芸術、8が言語、9が文学と分けられている。総記には、百科事典や全集、逐次刊行物など、ジャンルに当てはまらない書籍が含まれる。

二番目の階層である綱は、00から99までの数字で表される。たとえば自然科学は、40が自然科学一般、41が数学、42が物理学、43が化学……といった具合に分類されている。ただし、どのジャンルも行儀よく一〇種ずつに区分できるわけではないので、ちょっとした辻褄合わせも行なわれる。たとえば植物学と動物学はいずれも生物科学(46)の下位カテゴリーに入るべきだが、数合わせのために独立した二桁目を与えられ、それぞれ47と48の分類となっている。また、一般には自然科学に含まれない医学・薬学も、このカテゴリーで49の番号を与えられている。

第三段階の「目」では、たとえば181が仏教教理・哲学、182が仏教史、183が経典などなど、さらに細かく区分が設けられる。ただし189は欠番であるなど、このへんに来ると抜けも生じてくる。このため、たとえば913は九百十三番目の分類項目ではないので、「キュウヒャクジュウサン」ではなく「キュウイチサン」と読むのが正しいと定められている。何にでも正式な読み方と理由があるものである。

さらに細かい分類を示す第四区分は、先の三桁の後に小数点をつけ、その後に表示する。この分類がない「目」もあるし、細かく分かれている「目」もある。たとえば379は「社会教育」を表すカテゴリーだが、379・9は「家庭教育」、379・91は「家庭におけるしつけ」、379・911には幼児期のしつけについて書かれた本が入る。

分類者泣かせの本たち

そうはいっても、どのカテゴリーに入れるか迷う本は必ず存在し、中には専門家が一日がかりで内容を読み込んで、ようやく分類を決定するようなこともあるという。たとえばピアノの演奏技術について書かれた本は「音楽」カテゴリー内の763・2に入るが、ピアノの製造について解説する本は「製造工業」内の582・7に収められる。一方、ピアノに関するエッセイは914の棚を探さねばならない。

筆者の著書『国道者』は、全国の国道を巡ってその謎を解き明かした本だが、書店によってエッセイの棚にあったり、紀行文学に入れられていたり、鉄道コーナーの隅に押し込まれていたり、土木関連書籍のところにあったりと、書店によって扱いが実にまちまちであった。与えられている分類番号は、「陸運・道路運輸」を表す685・21であったが、自分では「ルポルタージュ」の916あたりがふさわしい気もする。その他、『医薬品クライシス』（新潮新書）は医薬品の他、生化学・企業経営などの要素を含んでいるし、『炭素文明論』（新潮選書）は有機化学と世界史の両分野にまたがる。たぶん筆者は、分類者泣かせの面倒くさい書き手と思われていることだろう。

そして分類法最大の敵といえるのが、コンピュータ関連の書籍だ。分類法が始まった当初には影も形もなかった分野であるため、この分野を包含する適切な番号が与えられていないのだ。しかも数学、電気工学、電気通信事業などのジャンルに深く関連しており、次々に新しいサブジャンルが生まれては消えるから、大変に始末が悪い。結局、コンピュータ関連書は情報科学（007）、通信工学（547）、情報工学（548）に分かれてしまっており、混乱の元になっている。このため図書館によっては、「007」の棚を「547」に隣接させて並べるなど、工夫をしているところもあるようだ。今後これをどうすべきか専門家の間でも意見が割れており、将来分類が大きく変わる可能性もありそうだ。

こうして見てくると、人類の「分類整理欲」というべきものの強烈さを思う。最近、近藤麻理恵さんの片付け術が海外でも非常な人気を集めているというが、これも根本にあるのは、森羅万象あらゆるものをすっきりと整理したいという、強い欲求なのだろう。こうした秩序に対する渇望の果てに、現代の文明社会はできあがったかとも思える。誰もが納得できる、千古不易の分類整理法など存在しないとは知りつつ、そこに一歩でも近づくための果てしない努力は、今日も続けられているのである。

14　数字に現れた出版業界の勢力図――ＩＳＢＮ

本は番号だらけ

前章で取り上げた書籍の分類番号に続き、本章では一冊一冊の本につけられるＩＳＢＮなどの番号について書いてみよう。何しろ本というものは、似た規格の商品が多数制作され、複雑な流通経路をたどって販売されるから、番号による販売管理の必要性が高いのである。

もし今あなたが手に取っているのが紙の書籍であったら、ひっくり返して裏表紙を見ていただきたい。上下二本のバーコードが印刷され、それぞれの下に十数桁の数字が印字されている。さらにその下方または右側には、「ＩＳＢＮ」で始まる暗号のような番号と、「Ｃ」で始まる四桁の分類記号がプリントされている。たった一冊の本に、こんなに必要なのかと思ってしまうくらい、本というものはやたらに番号だらけなのである。

さてそのＩＳＢＮの原型が生まれたのは、一九六五（昭和四〇）年のイギリスにおいてのことだ。コンピュータの普及により、統一的な管理番号の必要性が生まれたため、ロンドン大学にいたゴードン・フォスター教授がこの仕組みを立案したのだ。一〇桁の数字であらゆる書籍を管理するこのシステムは、数年のうちに世界各国で取り入れられ、インターナショナル・スタンダード・ブック・ナンバー、すなわちＩＳＢＮの名称で普及することとなる。日本でＩＳＢＮが表示されるようになったのは、一九八一（昭和五六）年のことだ。

ＩＳＢＮ番号は、ほぼ全ての書籍の他、カセットテープやＤＶＤなど、出版社から販売されるおよそほとんどの商品につけられ、一点の商品に対して一つの番号が厳密に対応する。たとえばある小説が、単行本・文庫本・全集・電子書籍といった異なる形態で出版された場合には、全て別々のＩＳＢＮが振られる。また、改訂版などが出た場合も、改めて別の番号がつけられる。絶版になった本でも、その番号を新しい本に使い回すことはできない。

ＩＳＢＮのような、桁数が決められた付番システムでは、どうしても対象の増加に伴う番号の枯渇が問題になる。ＩＳＢＮの場合、当初は一〇桁の設定だったが、二一世紀に入ってからフランスなどで番号の枯渇が迫ってきた。このため、二〇〇七（平成一九）年から桁数を一三桁に増やすことで対応している。形としては今までの一〇桁の数字の先頭に、書籍出版業を表す「９７８」が加わっただけだが、出版に関わるあらゆるシステムの変更が必要なので、作業は大変なことであったようだ。この番号が尽きた国では「９７９」が使われるが、日本は今のところまだ９７８で足りている。

さて、残りの番号は何を意味しているのだろうか。最後の一桁は、先に説明した通りチェックデジットなので除外して、残りは九桁である。まず「９７８」の次に来るのは、グループ記号だ。これはその本がどの言語で書かれているかを示すもので、０及び１は英語、２がフランス語、３がドイツ語、４が日本語、５がロシア語、７が中国語となっている。その他の国は、６・８・９から始まる二～五桁の数字が用いられる。というわけで、今のところ日本で出る本のＩＳＢＮは全て「９７８－４」で始まっている。

その次の数字は出版元を表す「出版者記号」で、日本の場合二桁から七桁までである。００は岩波書店、０１が旺文社、０２が朝日新聞出版、０３が偕成社、０４がＫＡＤＯＫＡＷＡ、０５が学習研究社、０６が講談社、０７が主婦の友社、０８が集英社、０９が小学館、そして１０が新潮社となっており、必ずしも大手から順番に決まったわけでもないらしい。一方、読売新聞社は643、暮しの手帖社は7660など、老舗出版社でも大きい番号のところもあり、いったいどういう基準で決まったのか不思議になる。ウチがあの社より後なんてバカなことがあるか、などとあれこれ揉めた結果なのでは、というのは筆者の勝手な邪推である。

その次に来るのは、一点一点の本に対応する「書名記号」で、出版社ごとに決められる。出版者記号と書名記号は、合わせて八桁でなければならない。ということは、出版者記号が二桁の社は、書名記号を六桁使えるから、その社は最高で一〇〇万点まで出版できる計算だ。しかし出版者記号が七桁の社は、書名記号が一桁のみ、つまり一〇点まででしか出版できない理屈になる。

というわけで、出版点数が増えた社の場合、出版者記号が変更になることもある。たとえば幻冬舎の場合、設立当初は87728という五桁の出版者記号を用いていたが、これでは一〇〇〇点出版したら打ち止めだ。このため、二〇〇〇年以降は出版者記号が344に変更になり、晴れて一〇万点まで扱えるようになった。こんなところにも、出版業界の勢力の消長が表れるわけである。

近年では電子書籍やダイレクトパブリッシングなどで出版事情も変わりつつあり、となればいずれＩＳＢＮに代わる新たな番号体系が必要になってくるかもしれない。世の中は移り変わるが、番号というやつは姿を変え形を変え、なくならずに生き延びていくもののようだ。

15　無限に挑んだ男たち――天体の番号

M78星雲はどこにある？

少年たちのヒーロー・ウルトラマンがテレビに初登場したのは、一九六六（昭和四一）年のことだという。「最も派生シリーズが作られたテレビ番組」としてギネスブックにも登録されているが、人気は相変わらず衰えておらず、まだまだ記録は伸びそうな気配だ。

その永遠のヒーローたるウルトラマンの故郷は、M78星雲という設定だ。この星雲が、夜空に実在していることはご存知だろうか。オリオン座の東端、英雄の右脇腹あたりにそれはある。だが、Mとは何なのか、なぜ78か、調べていくといろいろと紆余曲折がある。

まずMの文字は、天文学者シャルル・メシエの頭文字から来ている。彼はフランスの天文官として、彗星探索を生業としていた。しかし夜空には、彗星と紛らわしい雲状の天体がいくつもあり、糠喜びさせられることもしばしばであった。閉口した彼は、これら星雲の位置と形状を記録したカタログを作ることを思いつく。これがメシエカタログで、収録されている天体は番号順にM１、M２といった具合に呼ばれる。今も天文ファンに親しまれるメシエカタログは、邪魔者のリストであったわけだ。

メシエは数字にこだわりのある人だったようで、一七六四年にカタログの初版が出た際、掲載する天体の数が三九という半端な数字だったのが嫌だったらしい。そこで彼は、切りのよい数字にするために、単に二つの星が近接しているだけの二重星をM40として登録することにした。しかしその後、おおいぬ座にM41が発見されてしまったため、一七七一年の増補版ではオリオン大星雲やプレアデス星団など、彗星と見間違えようのない天体まで収録し、総数を四五個としている。

メシエは一七八一年にM68までのカタログを出版したが、その後にM69とM70を追加しているから、彼のキリ番へのこだわりは相当なものであったようだ。メシエはM１０３までのカタログを残して世を去ったが、後に彼の観測記録を整理していくうち、いくつか未登録の天体があることがわかった。こうして彼の死後にも新たなメシエ天体が少しずつ追加され、現在はM110までとなっている。切りのよい数に落ち着き、天国のメシエも安心しているだろうか。

メシエカタログは、フランスから見える天体のごく一部をランダムに並べただけのものだ。しかも、散光星雲、球状星団、系外銀河など全く違ったタイプの天体を一緒くたにしているから、現代の天文学者にとっては役に立つものではない。しかし、小口径の望遠鏡でも楽しめる星雲がほとんどであるため、アマチュアの天文愛好家にとっては今でもよきガイドブックだ。たとえば、まるで耐久レースのように一晩で全てのメシエ天体を観測するという、「メシエマラソン」と呼ばれる楽しみ方もなされている。三月中旬から四月下旬の月のない夜がチャンスとされているので、愛好家はチャレンジしてみてはいかがだろうか。

さてウルトラマンの故郷たるM78星雲だが、実は散光星雲と呼ばれるガスの塊であり、光の国がありそうな場所ではない。どうやら、企画段階ではM87星雲という設定だったものが、どこかで数字が入れ替わってしまったというのが真相らしい。M87星雲は、おとめ座銀河団の中心に位置する堂々たる巨大銀河であり、ヒーローの生まれ故郷としてはこちらがふさわしそうだ。

その後、望遠鏡の発達によってずっと暗い星雲も見つかるようになり、一八八八（明治二一）年に発行されたニュージェネラルカタログ（ＮＧＣ）には七八四〇個、その補遺であるインデックスカタログ（ＩＣ）には五三八六個の星雲が収録されている。一世紀あまりの間に、人類は一〇〇倍以上もの天体を観測できるようになったわけだ。近年の推定では、観測可能な銀河の数は二兆個にも達するというから、天文学者の仕事はまだまだなくなりそうにない。

星につけられた番号

番号がついている天体は、こうした星雲だけではない。夜空にちりばめられた恒星の数々にも、残らず番号がついている。気が遠くなるような話だが、このように膨大で特徴のないものの管理こそ、番号の出番でもある。

こうした恒星の命名法で最も有名なのは、一六〇三年にヨハン・バイエルが定めた「バイエル符号」だろう。星座ごとに、恒星の明るさ順にギリシャ文字を振るもので、たとえばシリウスは「おおいぬ座α星」となる。ただし、当時は目視で明るさを決めるしかなかったこともあり、現代の目から見ると不備も少なくない。

そこで、グリニッジ天文台長であったジョン・フラムスティードは、「はくちょう座61番星」のように、星座ごとに西から順に番号を振っていく方式を編み出した。現在これは「フラムスティード番号」の名で呼ばれる。

フラムスティードは、晴れた夜は四〇年間欠かさず観測を続け、天体の位置の精密なデータを残した。かのアイザック・ニュートンが彼の古い不正確なデータを勝手に出版してしまった際には、裁判所に訴え出てこの本をできる限り回収し、「天空の真実に対する捧げ物」として、全てを焼き払ってしまったという逸話が残る。彼の死後に、夫人によって正しいデータの本が出版され、このおかげで世界中の航海者が位置を測量する際には、グリニッジ天文台を基準にとるようになった。やがてグリニッジ天文台が経度〇度の基準点に定められることになるから、フラムスティードの残したデータの歴史的意義は絶大であった。

フラムスティード星表は数千の恒星をカバーしているに過ぎず、現代の天文学には不足だ。近年では、補遺まで含めて三六万個近い恒星を収録した「ヘンリー・ドレイパーカタログ」が編纂され、現在なお改訂が続けられている。

星の狩人たち

科学者にとって最大の栄誉といえば、やはり自分の名を冠した法則や数式、化学反応などを後世に残すことだろう。未来の学生たちがみな自分の名を教科書で学び、自分の業績の恩恵に感謝しながら研究を進める――というのは、科学に携わる者なら誰もが一度は見る夢だ。

だが、その実現は容易ではない。現代のサイエンスは、あらゆるジャンルで高度化と細分化が進み、部外者の新規参入はどんどん困難になっている。たとえば化学分野で論文を一報書くためには、一台数千万円する機器による分析データが不可欠だ。筆者が佐藤の法則や佐藤反応を見つけ出そうといくら努力しようが、設備の整った研究機関に所属せぬ限りは実際上不可能というのが現実なのだ。

しかし天文学は、アマチュアが堂々と専門家に伍して新たな発見をし、自分の名を残してきた珍しい分野だ。未発見の天体はそれこそ星の数ほどあるし、数十万円程度の望遠鏡でも情熱と根気さえあれば、自分の名を冠した天体を見つけ出せる可能性はある。このため、晴れた夜には必ず望遠鏡を覗き、彗星や小惑星の探索に励むアマチュア天体ハンターは少なからず存在する。

といっても、新天体らしきものを見つけて報告したら、すぐに自分の名前がつくわけではない。小惑星や彗星を発見したつもりでも、実際には既知天体の再発見でしかない場合の方が多いからだ。

そこで、発見された天体にはまず仮符号というものがつけられる。彗星の場合、たとえば二〇二〇年二月前半の期間中、八番目に見つかった彗星には「2020C8」といった仮符号がつけられる（「C」は、一年を各月前半・後半の二四期に分け、順にアルファベットを充てたもの）。そして軌道計算などを行ない、新しいものとわかればようやく名前がつく。小惑星は膨大な数があるため、数年は観測を行なわなければ新天体と確認できない。このため、現在は二〇万以上の小惑星候補が、仮符号状態のまま登録を待っている。

名前のつけ方も、彗星と小惑星で異なっている。彗星では、発見者の名前が先着順に三名まで冠される。百武彗星やヘール・ボップ彗星などは、話題になったからご記憶の方も多いだろう。さらに、二回以上巡ってきた彗星については、周期彗星として登録番号が与えられる。栄えある登録番号1が与えられているのは、かのハレー彗星だ。

一方の小惑星は、発見者の名前を冠するのではなく、天体名を発見者が取り決めることができる。当初はギリシャ神話の登場人物が主流であったものの、近年では「仮面ライダー」「阪神タイガース」「庵野秀明」といった命名も登場しており、何でもありの様相を呈している。

小惑星には名前と共に番号も与えられることになっており、その数はすでに五〇万を突破している。番号は原則として登録された順につけられていくが、ヴァルナやクワオアーなど特別に大型の天体が見つかった際には、それぞれ20000番と50000番というキリ番が充てられた。しかし二〇〇六年に、冥王星が惑星から準惑星に降格された際にはこうした措置はとられず、順番待ちの一番後ろに並ばされ、134340番という平凡な番号を与えられている。まあ宇宙の彼方にいる当人（？）は番号など気にしてはいないだろうが、何だか不憫である。

小惑星の名前が、番号から決められたケースも多くある。たとえば9000番小惑星は「HAL」と命名されている。いうまでもなく、「2001年宇宙の旅」に出てくるコンピュータHAL9000が由来だ。また9007番は下三桁に「007」を含むことから、「ジェームズ・ボンド」の名を与えられた。

4321番小惑星は「ゼロ」と命名されていて、読み上げるとカウントダウンのようになる。13579番は「オールオッド」（全て奇数）、24680番は「オールイーヴン」（全て偶数）と名付けられた。ひねってあるのは3142番「キロパイ」で、これは3142がちょうど円周率（パイ）の1000倍（キロ）であるところから来ている。

日本でもこうした命名は行なわれている。6980番は、世界的ヒット曲「上を向いて歩こう（英語名：SUKIYAKI）」を生み出した三人組、すなわち永六輔・中村八大・坂本九の「六八九」を含むことから、「坂本九」の名がついている。また3115番は「3・11」を含むことから、「大震災」と命名された。その他、「東日本」「東北」「宮城」「福島」など被災地の名も、祈りと復興への願いを込めて小惑星名に採用されている。

かくの如く、星の名には人々の思いとドラマが込められたものが多い。しかし、一般の天文愛好家にとっては、こうした命名のチャンスは減少しつつある。近年では人工衛星などによる全天捜索が盛んになり、アマチュアが発見する遥か前に、根こそぎ新天体が見つけ出されるようになってしまったのだ。このため最近の彗星は、「SOHO」「LINEAR」といった、衛星名・プロジェクト名を冠したものが多くなってしまっている。

時代の流れで致し方ないところではあるのだろうが、アマチュア天文愛好家による命名のニュースが、天文学への一般の関心を惹いてきたことも事実だ。何らかの形で、愛好家たちが学問に貢献し、この宇宙にその名を刻む機会が残ることを願いたい。

16　空き番号に潜むドラマ——欠番

忌み数それぞれ

ここまでいくつか取り上げてきた通り、番号は1から順に完全に埋まっているケースばかりではなく、各種の事情で穴が空いたままの場所、いわゆる「欠番」がある。実はこの欠番にこそ、ドラマが秘められている場合は多いのである。

欠番でよく見かけるのは、縁起が悪い数を飛ばす「忌み数」によるものだろう。欧米では13が代表的な忌み数だ。13階がない高層ビルは多いし、13号室であるべき部屋が「12a号室」になっているようなケースも見られる。航空関係は特に縁起を気にするジャンルであり、米軍の戦闘機もF－13は欠番だし、多くの空港で12番ゲートの次は14番になっている。米国のアポロ計画においては、あえて迷信を打破する意気込みでアポロ13号を打ち上げたが、トラブルに見舞われて月着陸を果たせないまま、宇宙飛行士たちが命からがら生還する事態となり、13にまつわる迷信を強化する結果となってしまった。「13恐怖症」を意味するトリスカイデカフォビア（triskaidekaphobia、ギリシャ語で「13」を意味するtriskaidekaと「恐怖症」を意味する「phobia」の合成語）という言葉もあり、アメリカだけで約二〇〇〇万人の患者がいるというから大変なことだ。

13が忌み数になったのはなぜなのだろうか。裏切り者のユダがキリストの13番目の弟子であったからとか、キリストが処刑されたのが13日であったからなどいくつかの説があるが、聖書にこうした記述はなく、歴史的にも根拠のある話ではないようだ。

ひとつには、ヨーロッパなどで広く普及した12進数文化の影響がありそうだ。多くの約数を持つ12は計数の際に便利であり、午前午後の12時間や、1ダースという単位として現在でも広く使われる。やがて、ギリシャ十二神やキリスト教の十二使徒など、12という数字は神聖視されるようになった。その神聖な12からひとつはみ出す13は、厄介で不吉なものと見なされたのだろう。

ちょっと意外だが、カトリックの本場であるイタリアでは、13よりも17が不吉な数字とされているという。これは、ローマ数字で17を表す「XⅦ」を並べ替えると「VIXI」となり、これはラテン語で「生きていた（＝死んでいる）」を表すからだという。何だかずいぶん持って回った理由のようだが、歴史の厚みを感じさせる迷信ではある。

キリスト教圏で嫌われる数字にはもうひとつ、ヨハネの黙示録で「獣の数字」とされている６６６がある。例えば、アメリカのルート６６６は事故率が高いといった噂があり、「デビルズ・ハイウェイ」の異名で呼ばれていた。結局、この道は二〇〇三年に番号が変更されてルート４９１となり、現在６６６は欠番となっている。

一方日本では、「死」「死に」を連想させる４と42が代表的な忌み数だ。病院やホテルなど、これらの部屋番を避けているところは多く見られるし、プロ野球でもこれらの番号は外国人選手が背負うことが多い。彼らにとって、「４」という字の形は上向き矢印のようで縁起がよいと感じられるし、42は黒人初のメジャーリーガーであるジャッキー・ロビンソンがつけた尊敬すべき番号で、現在ではメジャーリーグ全球団で共通の永久欠番ともなっている。たとえばかつて横浜ベイスターズと読売ジャイアンツに所属したマーク・クルーン投手は、日本では42番が忌避されていることは知っていたが、自身の誕生日が四月二日であること、またジャッキー・ロビンソンの背番号であることから、非常に気に入って42番を背負っていたという。同じ数字でも、捉えられ方が全く違うのは面白い。

「4」を「死」に通じると考えるのは日本だけでなく、中国や韓国など漢字文化圏で共通の習慣だ。ただし、「9」と「苦」の発音が同じなのは日本だけであるため、中韓では9は忌み数とはみなされず、むしろ「久」に通じる縁起の良い数字と捉えられるようだ。国により、数字をめぐる事情はだいぶ異なっている。

こんな忌み数などただの迷信だというのは簡単だが、毎月4日は心臓病による死亡率が上昇するという統計が、実際に存在する。迷信による心理的ストレスが原因と考えられており、シャーロック・ホームズシリーズの『バスカヴィル家の犬』にちなんで、バスカヴィル効果という名前もつけられている。4を不吉視しない文化圏では、こうした傾向は見られないという。

欠番の理由として、過去に大事故を起こした便名や列車番号を封印するケースもある。日本航空123便や、二〇〇一（平成一三）年の同時多発テロに遭ったユナイテッド航空93便及び175便などがそのケースだ。

ただしこうしてあまりに忌み数を気にしすぎると、弊害も起きてくる。欧米では中国人に売れないという理由で、13階の他に4階、14階、24階……などを飛ばしたビルも増えてきた。カナダのバンクーバー市では、これでは消火活動などに大いに差し障りが出るとして、正しい階数表示を行なうよう通達を出している。縁起をかついだ結果、命にかかわる弊害が出るのでは何もならない。

抜けてしまったケース

付番対象の廃止や脱退などにより、番号が抜けてしまうケースもよくある。ここまで取り上げた、国道109～111号や214～216号、上野駅の18番線ホームなどがその例に挙げられる。また科学分野では、一度番号がつけられたものが後にミスであったことが発覚し、取り消されることがままある。たとえばビタミンB群では、一度命名されたものの他の物質の混合物であることがわかったり、再分類で移動されたものが多いため、現在使われるのはビタミンB_1、B_2、B_6、B_{12}くらいとなっている。

一九八〇年代に一世を風靡したアイドルグループ「おニャン子クラブ」では、メンバー一人一人に会員番号が振られていたことをご記憶の方も多いだろう。最終的には会員番号は52番に到達したが、最初期から1～3番、7番、10番が欠番であった。これは、番組開始直後に喫煙姿を週刊誌に掲載されたメンバーが、解雇処分となってしまっためだ。欠番の存在により、不祥事の印象は長く残ってしまった。

後にやはり秋元康氏がプロデュースした、ＡＫＢ48や乃木坂46などのアイドルグループでは、メンバーに番号は振られていない。背番号の例で見た通り、番号はファンの思い入れを促す効果があり、グッズの売上などにも大いに貢献しそうだが、これは実現しなかった。あるいはおニャン子の欠番の件が、秋元氏の脳裏をよぎった結果だろうか。

恒星には天文学者フラムスティードがつけた番号があると述べたが、彼の厳格なデータにも、やはり不備はある。彼の記録したおうし座34番星の位置には、どう探しても恒星が存在しないのだ。実はこの星は、天王星であったことが後に判明している。天王星は一七八一年にウィリアム・ハーシェルが発見したことになっているが、実はその一〇〇年近くも前にフラムスティードがこれを見ていたわけだ。欠番にはドラマが秘められていることが多いが、これもそのひとつに数えられそうだ。

珍しいところでは、ローマ教皇にも欠番がある。ヨハネスを名乗るローマ教皇は23世までいるが、ヨハネス20世だけが抜けているのだ。中世に、ヨハンナという人物が女性であることを隠して教皇となったが、露見してその存在を消されてしまったためだ――などという話もあるが、これは単なる伝説に過ぎない。かつて教皇の座をめぐって混乱があった時代に、一人余計なヨハネス教皇を勘定に入れてしまったせいであるらしい。

最初から欠番であるケース

国道番号に欠番があることは先述したが、その他の道路番号にも抜け落ちている番号がある。首都高速神奈川線はK1〜K7まで存在するが、K4だけが欠番だ。磯子線として計画されていたが、並行する道が先に建設されてしまったため棚上げとなり、どうやら永遠に欠番となりそうな雲行きだ。一方、埼玉線はS1、S2、S5が存在し、S3とS4は存在しない。これは、埼玉大宮線ことS5（埼玉県戸田市〜同さいたま市）が、首都高5号線（東京都千代田区〜戸田市）の延長という形であるため、わかりやすいようにS5の数字を当てた結果だ。

神奈川県・滋賀県・福井県などでは、国道との混同を避けるため、一部の県道番号が欠番となっている。例えば神奈川県には国道1号・15号・16号・20号などが走っているため、これらと同番号の県道は設定されていない。これと逆に、国道57号の一部区間（大分県竹田市〜豊後大野市）が大分県に移管された際には、地元の愛着に配慮して、同番号である県道57号が割り当てられた。考え方もいろいろである。

バスケットボールでは、長らく背番号1から3が欠番となってきた（国際バスケットボール連盟主催試合の場合)。バスケットボールには3秒ルールというものがあり、審判が三本指を立てて示す。このサインが、背番号3までの選手を指していると勘違いされないための措置だ。ただし二〇一五(平成二七)年からこのルールは撤廃され、二桁以下の数字全てが使用可能になった。

バスケ漫画の名作「SLAM DUNK」で、赤木剛憲や魚住純など、各校のキャプテンが4番をつけていたことをご記憶の方も多いだろう。これは、1~3番が欠番とされていたため、キャプテンが一番若い番号である4番をつける高校が多かったためだ。しかし二〇一七(平成二九)年からは高校バスケットボールでも1~3番の使用が解禁されたため、この風習も徐々に消えてゆくのかもしれない。

意外なところでは、紙幣にも欠番がある。日本では全ての紙幣に、一枚一枚異なる番号が印刷されており、「記番号」と呼ばれる。これはアルファベットと六桁の数字でできているが、用いられている数字は000001~900000までの九〇万通りとなっている。900001番以降は、印刷ミスなどがあった場合に補充で発行される紙幣に使用されることになっており、こうした「補刷券」は古銭市場でも高値がつけられる。なお、記番号に用いられるアルファベットの方も欠番があり、1および0との混同を避けて、IとOは使われないことになっている。

欠番の最たるものは、シャネルの香水のケースだろう。「シャネルの5番」といえば数々の伝説で有名だが、1〜4番などはなく、発売されたのはこの他18、19、22番だけだ。試作品のうち、最高に選びぬいたものだけを世に出すというココ・シャネルの意志の表れであり、最も彼女らしい製品ともいえよう。

存在しているが、表示されないケース

制度上は存在しているが、実際には使われないために事実上の欠番となっているケースもある。たとえば首都高速は1号から11号までが存在しているが、地図を見ると8号だけが抜けている。実はこれは欠番ではなく、東銀座ジャンクションから京橋ジャンクションの区間を指す。ただし8号線は全長一〇〇メートルほどしかなく、かえって混乱を招くとの理由で表示はされていない。また、「8」の字を湾岸線の「B」と見間違いやすいということも影響していそうだ。

もっと有名なのは、東京の環状道路のケースだろう。環状七号（環七）や環状八号（環八）はよく知られているが、環一から環六は聞いたことのない方が多いと思う。実

は、一号は内堀通り・日比谷通り、二号は新大橋通りや外堀通り、三号は外苑東通りや目白通り、四号は外苑西通りや明治通り、五号は明治通りや御苑通り、六号は山手通りを指している。これらは戦後の東京復興計画で立案・命名されたが、その後用地買収や工事が思うように進まず、現在でもほとんどが環状道路の体を成していない。このため、たまに山手通りが「環六」と表記されることがある程度で、環一から環五は事実上の欠番となってしまっている。

野球界の永久欠番

欠番といえば、スポーツ界の永久欠番に触れないわけに行かない。永久に記念すべき成績を挙げた選手に敬意を表し、所属チームでその背番号をそれ以降使用しないようにする制度だ。プロ野球など各スポーツに存在し、最高の名誉として扱われることが多い。ただし「○勝以上を挙げた選手」といった明確な基準は存在しないため、しばしば議論の種ともなる。

あらゆるスポーツにおける最初の永久欠番は、カナダ出身のアイスホッケー選手である、エース・ベイリーだ。トロント・メイプルリーフスのスター選手であった彼は、一九三三年に試合中の事故が原因で引退を余儀なくされ、引退後にその背番号6が永久欠番となった。

野球における史上初の永久欠番は、ニューヨーク・ヤンキースの主砲であったルー・ゲーリッグの背番号4で、一九三九年のことだ。以来米メジャーリーグでは、日本よりはるかに多い、一五〇人以上が永久欠番となっている。中でも名選手を数多く輩出したニューヨーク・ヤンキースでは、二一もの背番号が永久欠番となっており、1番から10番まで全てが使用不能になっている。また、先に挙げたジャッキー・ロビンソンの42番のように、全球団共通の永久欠番となっているようなケースや、所属した三球団で永久欠番を所持するノーラン・ライアンのような選手もいる。

一方、日本の野球界で初めての永久欠番となったのは、巨人に在籍した黒沢俊夫の「4」と、沢村栄治の「14」だ。両者とも若くして世を去った選手であること、「4」を含む数字であることから、縁起が悪い番号として「封印」されたとの見方もなされるが、当時のチームメイトであった千葉茂はこれを否定し、あくまで両選手の業績を讃えたものだとコメントしている。

珍しいところでは、ホークスでは背番号90が、南海・ダイエー・ソフトバンク時代を通じて長らく使用されなかった。これは、水島新司の野球漫画「あぶさん」の主人公・景浦安武が90番をつけていたことに配慮し、球団側が使用を避けてきたものだ。架空の人物に敬意を表した欠番は、世界でもこれくらいのものだろう。四一年にも及んだ連載が終了した翌年の二〇一五（平成二七）年から、ロベルト・スアレス投手がホークス史上初めて90番を背負い、欠番は解消された。

日本プロ野球ではこれまで、王貞治の「1」、長嶋茂雄の「3」など、合計一六人が永久欠番に指定されている（うち、楽天での星野仙一の77番は監督としての番号）。これは、伝統やチーム数の差を考慮しても、メジャーリーグに比べてはるかに少ない。野村克也、張本勲、落合博満、江夏豊、金本知憲など、なぜこの人が永久欠番の栄誉に浴していないのだろうと思うような大選手も数多い。

ひとつには、日本の球団は一軍・二軍とも同じチームの所属という扱いであるため、背番号が不足しやすく、あまり気安く欠番を作れないという事情がある。米国ではマイナーリーグのチームは別球団の扱いなので、ヤンキースのように二〇以上の欠番を抱えていても背番号は不足はしないのだ。

また日本の場合、移籍を経験した選手は永久欠番に選ばれない傾向が強い。先に挙げた永久欠番になれなかった名手たちは、みな移籍経験のある選手だ。このあたり、お家への滅私奉公、終身雇用という考え方の名残とも見える。

そうして永久欠番になれない名選手が増えていくと、「あの人がなっていないのに、この選手が選ばれてよいのか」という話にもなってくる。また最近では、永久欠番になりそうな選手はほとんどメジャーリーグに転出してしまうから、なおさらなり手が少なくなっている。

というわけで、よほど飛び抜けた実績を挙げた選手でもない限り、永久欠番は生まれそうにない。通算一〇〇二登板の岩瀬仁紀、現役生活三二年の山本昌（いずれも中日ドラゴンズ）というアンタッチャブルレコードの持ち主さえ永久欠番にならなかったから、ハードルは上がるだけ上がってしまった感がある。現在、可能性があるのはイチローくらいかと思えるが、その後に永久欠番となる選手は果たして現れるだろうか。

サッカー界の永久欠番

サッカーJリーグでも永久欠番はいまだ少なく、開始から四半世紀以上を過ぎた現在でも、横浜F・マリノスに所属した松田直樹の3番（松本山雅FCへ移籍後、練習中に急死）がある程度だ。チーム監督としての功績を讃えたケースがいくつかあるが、中田英寿、中山雅史、川口能活といったサッカー史を華やかに飾った名選手たちは、いずれも永久欠番の栄誉には浴していない。

実は、海外でもサッカー選手の永久欠番は少ない。マルク＝ヴィヴィアン・フォエ（マンチェスター）の23番のように、現役中に逝去した選手が永久欠番になったケースはあるものの、偉大な実績を残した選手でも欠番指定は受けていないことが多い。先に挙げたヨハン・クライフ（アヤックス）の14番、ディエゴ・マラドーナ（ナポリ）の10番、ロベルト・バッジオ（ブレシア）の10番など、数える程度だ。

これは、ひとつにはサッカーの固定番号制度の歴史が浅いことが一因だ。たとえばイングランドのプレミアリーグは、長らく試合ごとに背番号が変動する制度を採っており、選手ごとに番号が固定されたのは一九九三（平成五）年以降だ。このため今もポジションと背番号の結びつきが強く残っており、欠番にしにくい事情もあるだろう。

また、たとえばスペインのリーガ・エスパニョーラなどは背番号が25番までと決まっており、欠番を作るような余裕がないという事情もある。というわけで、現役最高のプレイヤーであるリオネル・メッシやクリスティアーノ・ロナウドなども、このまま行けば永久欠番となる可能性は低そうだ。

ただし、日本のJリーグでは開始当初から、ピッチに立つ一一人の選手に続くものとして、背番号12をサポーターのための永久欠番としている。例外はサガン鳥栖で、チーム結成の功労者・坂田道孝氏（二〇〇〇（平成一二）年一月七日に死去）を讃えて17番を永久欠番としており、これがサポーター番号を兼ねているためだ。というわけで、同チームでゴールキーパーを務める板橋洋青選手が、現在Jリーグ唯一の12番だ。

こうした「ファンのための永久欠番」という考え方はその後野球界にも浸透しており、楽天イーグルスは10番、千葉ロッテマリーンズは26番を欠番に指定している。先に述べたように、いずれも今では両チームのファンにとって象徴的な数字となっており、番号の活用法の最も優れた例に挙げられそうだ。

17　目には見えない神の数字――原子番号

極小にして究極

我々人類は、大きなものから小さなもの、目に見えるものから実体のないものまで、ありとあらゆるものに番号を付与してきた。その中で、最も大きなものにつけられた番号は、先に挙げた天体の番号だろう。では最も小さなものは――おそらく原子ひとつひとつにつけられた原子番号ということになる。日常で目にする機会こそ少ないが、実のところ原子番号こそは自然界における最重要番号といってもいい。

身の回りのあらゆるものは何でできているのか、世界とは結局のところ何であるのか、というのは、おそらく人類誕生以来の根源的な疑問であった。やがて、当初は錬金術師が、近代に入っては化学者たちが、様々なものを混ぜたり加熱したり蒸留したりしながら、様々な物質を純粋に取り出していく。金や鉄や硫黄、酸素や窒素やナトリウムなど、この世界を作る「もと」となる物質は、「元素」と呼ばれるようになった。

では元素とはいったい何なのか――現代を生きる我々は、突き詰めればそれは同じ種類の「原子」の集まりであることを知っている。鉄という元素は、鉄原子が規則正しく集合してできているし、食塩は塩素とナトリウムという二つの元素が集まってできている。

一九世紀後半までに元素発見の努力が重ねられ、その種類は五〇以上を数えるようになっていた。だが、これらは一見してあまり秩序らしきものもなく、ただばらばらに存在しているように見えた。そんなはずはない、「世界のもと」である元素には、全体を貫く何らかの法則性があるはずだ――と考えた科学者は、当然数多くいた。

たとえばイギリスの化学者ジョン・ニューランズ（一八三七－一八九八）は、元素を重さ順に並べてゆくと、八番目ごとに似た性質の元素が現れることを見つけ、音階になぞらえて「オクターブの法則」と名づけて発表した。これは現代の目から見ても先駆的なアイディアであったが、当時の化学者からは珍説として笑いものになり、「では元素に一曲演奏させてくれ」とからかわれる始末であったという。

一八六九（明治二）年、こうした知見をまとめて決定版を発表したのが、ロシアの化学者ドミトリ・メンデレーエフであった。彼は、それまで知られていた元素を一定の順に並べることで、周期的に似たような性質の元素が現れることを確認し、これを一枚の表にまとめた。これこそが元素周期表だ。その後、新たな元素の発見や、原子の構造の解明など様々な進歩があったが、メンデレーエフの周期表は各種の改良を受けつつもみごと時代の荒波に耐え抜き、現代に至るまで化学者の最良の手引きであり続けている。

結論から言ってしまえば、周期表とは各元素を原子番号順に配置したものだ。両側が高い城壁のような妙な形だが、これは原子の仕組みを反映させ、縦に同じ性質の原子が並ぶよう工夫された形状だ。

たとえば原子番号29番の銅、47番の銀、79番の金は、周期表で同じ列に並んでいる。これらは酸化を受けにくい金属という性質が共通しており、このため貨幣やメダルとして用いられてきた。金銀銅が珍重されてきたのは偶然ではなく、元素にまつわる自然界の法則が反映された結果だ。

また、周期表を横に追っていくと、グラデーションのように少しずつ元素の性質が変わっていく。3番のリチウムから9番のフッ素まで眺めていくと、金属的な性質から非金属的な性質まで、流れるように変化していくことがわかる。といっても一筋縄ではいかず、9番フッ素と10番ネオンのように性質が突然変化する場所もあるし、57番ランタンから71番ルテチウムまでのように、同じような性質の元素ばかりがずらずらと並ぶ場所もある。このあたりが自然のたくらみの奥深さであり、簡単には行かないところだ。ニュートンがいうように「自然は単純である」が、単純すぎはしないのである。

こうした中、原子番号の真の意義も少しずつ解明されていった。要するに原子番号とは、その原子が持っている陽子（プラスの電荷を持つ粒子）の数であり、周りを回る電子の数でもある。化学反応は電子のやり取りによって起こるから、各元素の性質は原子番号によって決まる。また、いろいろな元素がどのくらいこの世に存在するかも、原子番号に大きく左右される。基本的に、小さな原子番号の元素は多量に存在し、番号が偶数の元素は奇数の元素よりも多い。要は、原子番号が原子の性質をすべて支配し、ひいてはこの世の成り立ちを決めているといえる。原子番号こそは神の数字、造物主の数字であるといっても、決して過言ではないのだ。

元素狩りの時代

さてこうして原子番号と周期表の意義が解明されてみると、未発見の元素は何番で、どのような性質を持っていてどこをどう探せばいいか、予測がつくようになる。というわけで、一九世紀後半から二〇世紀初頭の化学は、新元素を求めるハンターたちの時代となった。何しろ、元素は数に限りがあり、出遅れれば永遠に新元素発見の栄誉は得られなくなる。そしていったん新元素を見つけ出せば、その元素名はあらゆる教科書に書き記され、不滅のものになるのだ。これで研究者たちが、目の色を変えぬわけがなかった。手を替え品を替えして自然界から元素を発見し、理論と実際が整合していく——あるいは実際に合わせて理論が磨き上げられてゆく過程は、科学の歴史において最もエキサイティングな時代のひとつだっただろう。

一九二〇年代までに、元素のリストは着々と埋まっていった。もちろんその過程には、多くの混乱を伴わずには済まなかった。たとえば東北大学の小川正孝は、一九〇八（明治四一）年に原子番号43番の新元素を発見したと発表し、これをニッポニウムと名付けた。しかしこれは誤りであることがわかり、せっかくの日本の名を冠した元素は周期表から消されてしまっている。

最近の再検証により、小川が発見したのは実は43番元素ではなく、性質のよく似た75番元素であったことが判明した。75番元素は、小川の報告の一七年後にドイツで「再発見」され、レニウムと名付けられている。原子番号を決定できる装置が当時の日本にあればこのようなミスは起きなかっただろうが、残念ながら小川は大魚を逸した。ニッポニウム以外にも、いったん報告されながら後に否定され、消えていった元素は一〇〇を超えるともいわれる。

自然界から新たな元素を発見する努力は、92番のウランで打ち止めとなる。原子番号が大きくなる、すなわち原子核が大きくなると、膨らみ過ぎた風船のように不安定になってゆくためだ。大き過ぎる原子核は、粒子のかたまりや電磁波を放出して壊れてゆく。この「破片」が、いわゆる放射線だ。

だが、比較的若い番号の元素にも、どうしても発見されず空席となっていたものがあった。先に出てきた幻のニッポニウムこと43番と、61番元素の二つがそれだ。後にこれらは天然には存在しないことが判明し、他の元素の原子核に放射線を打ち込む方法によって人工的に作り出された。というわけで現在では周期表上に欠番は存在せず、1番からびっしりと元素が隙間なく並んでいる（次頁の周期表をご覧いただきたい）。

1 H 水素																	2 He ヘリウム
3 Li リチウム	4 Be ベリリウム											5 B ホウ素	6 C 炭素	7 N 窒素	8 O 酸素	9 F フッ素	10 Ne ネオン
11 Na ナトリウム	12 Mg マグネシウム											13 Al アルミニウム	14 Si ケイ素	15 P リン	16 S 硫黄	17 Cl 塩素	18 Ar アルゴン
19 K カリウム	20 Ca カルシウム	21 Sc スカンジウム	22 Ti チタン	23 V バナジウム	24 Cr クロム	25 Mn マンガン	26 Fe 鉄	27 Co コバルト	28 Ni ニッケル	29 Cu 銅	30 Zn 亜鉛	31 Ga ガリウム	32 Ge ゲルマニウム	33 As ヒ素	34 Se セレン	35 Br 臭素	36 Kr クリプトン
37 Rb ルビジウム	38 Sr ストロンチウム	39 Y イットリウム	40 Zr ジルコニウム	41 Nb ニオブ	42 Mo モリブデン	43 Tc テクネチウム	44 Ru ルテニウム	45 Rh ロジウム	46 Pd パラジウム	47 Ag 銀	48 Cd カドミウム	49 In インジウム	50 Sn 錫	51 Sb アンチモン	52 Te テルル	53 I ヨウ素	54 Xe キセノン
55 Cs セシウム	56 Ba バリウム	57 La ランタン	72 Hf ハフニウム	73 Ta タンタル	74 W タングステン	75 Re レニウム	76 Os オスミウム	77 Ir イリジウム	78 Pt 白金	79 Au 金	80 Hg 水銀	81 Tl タリウム	82 Pb 鉛	83 Bi ビスマス	84 Po ポロニウム	85 At アスタチン	86 Rn ラドン
87 Fr フランシウム	88 Ra ラジウム	89 Ac アクチニウム	104 Rf ラザホージウム	105 Db ドブニウム	106 Sg シーボーギウム	107 Bh ボーリウム	108 Hs ハッシウム	109 Mt マイトネリウム	110 Ds ダームスタチウム	111 Rg レントゲニウム	112 Cn コペルニシウム	113 Nh ニホニウム	114 Fl フレロビウム	115 Mc モスコビウム	116 Lv リバモリウム	117 Ts テネシン	118 Og オガネソン

58 Ce セリウム	59 Pr プラセオジム	60 Nd ネオジム	61 Pm プロメチウム	62 Sm サマリウム	63 Eu ユウロピウム	64 Gd ガドリニウム	65 Tb テルビウム	66 Dy ジスプロシウム	67 Ho ホルミウム	68 Er エルビウム	69 Tm ツリウム	70 Yb イッテルビウム	71 Lu ルテチウム
90 Th トリウム	91 Pa プロトアクチニウム	92 U ウラン	93 Np ネプツニウム	94 Pu プルトニウム	95 Am アメリシウム	96 Cm キュリウム	97 Bk バークリウム	98 Cf カリホルニウム	99 Es アインスタイニウム	100 Fm フェルミウム	101 Md メンデレビウム	102 No ノーベリウム	103 Lr ローレンシウム

元素の合成競争

このように、原子核に放射線を打ち込む、あるいは原子核同士を融合させて大きな原子核を作り出す方法が進展し、92番ウランの後にも新たな元素が創り出されるようになった。戦後、東西冷戦を背景にこの研究レースは激化し、米ソの研究チームがお互いの優先権を主張して勝手に別々の元素名を使用するような事態さえ起きた。一九八〇年代からはドイツチームもこの争いに参戦し、国の威信を賭けた戦いが原子の世界で繰り広げられたのだ。

こうして長らく三ヶ国の寡占状態となっていた新元素発見レースに、楔を打ち込んでみせたのが森田浩介博士（当時理化学研究所、現九州大学）のグループだ。彼らは長い苦闘の末に113番元素の合成に成功、二〇一六（平成二八）年に正式に認可を受けて、これを「ニホニウム」と命名した。ニッポニウムでなかったのは、一度「幻の元素」となった名前はもう使えないという規定があるためだ。小川正孝のニッポニウムからほぼ一世紀を経て、ついに日本の名が周期表に刻まれたことは大変に喜ばしい。

元素合成は最先端のテクノロジーを駆使して進められ、現在118番まで進んできた。では、元素合成競争はこの先どこまで続くのだろうか。ノーベル物理学賞受賞者であるリチャード・ファインマンは、137番より大きな元素は存在しないと予測した。一方、ドイツの物理学者グライナーはより詳しい計算により、173番が最後の元素になるとしている。ただし実験によって本当に元素を作ってみなければ、本当のところはわからない。この先はさらに合成が難しくなると予想されているから、我々が生きているうちに「最後の元素」を見られることは、おそらくないだろう。

一方で、マイナスの原子番号というものも登場した。通常とは逆に、マイナスの電荷を持った反陽子でできた原子核の周りを、プラスの電荷を持った陽電子が回っているという、まるでSF小説のような原子だ。今のところ原子番号マイナス1の反水素、マイナス2の反ヘリウムが作られているのみで、これ以上大きなものは現在のところ難しいとみられている。とはいえ、原子番号マイナス2という響きだけで、科学好き、番号好きとしては胸が躍るような心持ちになる。

こうした新元素合成の研究は莫大な費用を要する上に、すぐには応用も見込めないジャンルであるため、このまま進めるべきなのか異論も少なくない。だが、これほどまでに研究者の知的好奇心と名誉欲をかきたてるテーマも、そうありはしない。さまざまな議論もありつつ、「神の数字」の限界を探る努力は、なおも続いている。

18　交響曲マイナス1番を書いたのは？——音楽

絶対音楽と標題音楽

芸術分野で番号が活躍するジャンルといえば、音楽が一番だろう。「第九」の名で親しまれるベートーベンの交響曲第9番を筆頭に、番号で呼ばれる音楽作品は数多い。

現代のロックやポップスなどでも、アルバムの名称を通し番号にしているケースはある。一九六七（昭和四二）年にデビューしたバンド・シカゴは、多くのアルバムに番号を付与しており、最新作は二〇一四（平成二六）年発売の「シカゴ36～Ｎｏｗ」だ。日本ではヒップホップグループのケツメイシが、「ケツノポリス11」までをリリースしている。

だが、やはり作品番号が多用されるのはクラシックの世界だ。これはひとつには、クラシック分野に「絶対音楽」が多いためである。何か決まったイメージやテーマに沿って作られた音楽（標題音楽）とは異なり、純粋な音の構成のみで自己完結的な世界を形成する音楽のことだ。こうした曲には具体的なタイトルはつけられないので、「交響曲第×番」といった表記になる。番号というものは、対象が本来持っている意味を消し去ってしまう働きを持つが、この場合それがポジティブに活用されているわけだ。

ただし聞く方としては、番号だけではやはり印象に残りにくい。このため、後世になってから愛称がつけられ、そちらが有名になっている作品も多い。たとえばベートーベンの交響曲第５番「運命」なども、作曲者自身がつけた題名ではない。

ショパンの「別れの曲」も、誰もが耳にしたことのある有名な曲だが、正式なタイトルは「練習曲作品10第３番ホ長調」という味気ないものだ。これは、一九三四（昭和九）年のドイツ映画「別れの曲」の主題として取り上げられたことから、いつしか曲の方もこのタイトルで知られるようになったという珍しいケースだ。また、ハイドンの交響曲第94番「驚愕」は、居眠りする観客を叩き起こす目的で、第二楽章にティンパニを力いっぱい打つ音が含まれているためにこの愛称がついた。その他、クラシックの曲名には面白い由来のものがたくさんある。

「第九」の呪い

交響曲の番号は、作曲者本人がつけるケースもあるし、楽譜の出版社や後世の研究者がつけたケースもある。ドヴォルザークの交響曲「新世界より」は、かつては交響曲第5番とされていたが、のちに作曲順に番号が振り直され、現在では第9番として定着している。先にも出てきたベートーベンの第5番「運命」と第6番「田園」は、一八〇八年の同じコンサートで初演されたが、この時は番号が逆につけられていた。翌年に出版された楽譜から、現在使われる番号に変わっている。

これに限らずクラシック曲の番号は、後からつけ直されたり、未発表譜が見つかったり、実は他人の作品だったことが判明したりで、時代を追うに従って変わっていくこともある。ここで取り上げる番号も絶対のものではなく、同じ曲に別番号がついているケースも多いことをお断りしておく。

さてベートーベンは生涯に九曲の交響曲を作曲したが、これを超える数の交響曲を遺した作曲家は多くない。シューベルトは「未完成交響曲」を含めて八曲、ブルックナーやドヴォルザークも九曲までで生涯を終えている（ブルックナーの第9番は未完成）。このため「第9番交響曲を書き上げるとその作曲家は亡くなる」というジンクスがささやかれるようになった。

この「第九の呪い」を恐れたのが、マーラーだ。このため彼は、第８番の後に作った曲を交響曲とみなさず、「大地の歌」と名付けて発表した。これで安心したのかその次には第９番を書いたが、第10番は未完のまま死去し、結果として「第九の呪い」のジンクスを補強する形となってしまった。

もっとも、これ以前にも九曲以上の交響曲を書いた作曲家は何人もいた。モーツァルトが生涯で書いた交響曲は四一曲とされるし、多作で知られたハイドンは第１０４番までの交響曲を発表しているというから、そのエネルギーには驚く（ただしこれらも、どこまでを交響曲として数えるかなどの問題もあり、研究者によって数字は一定しない）。

現代の作曲家には、もっと上手がいる。フィンランド出身の指揮者・作曲者であるレイフ・セーゲルスタムの交響曲は、本書執筆時点で第３３９番に達している。しかも世界中を飛び回って指揮を行なう合間を縫って、依頼を受けてではなく本人の意志で自主的に作曲しての数字だから、その創作力たるや呆れる他ない。

0番という名の交響曲

「交響曲第0番」というと、何だか小説か映画のタイトルのようだが、実際に存在する曲だ。ソ連時代に活躍した作曲家アルフレート・シュニトケは合計一〇曲の交響曲を残しており、その最初の作品が「第0番」とされている。学生時代の習作的位置づけの作品であるためと思われるが、珍しいケースだ。

より有名なのは、ブルックナーの交響曲第0番だろう。これはシュニトケのケースとは異なり、交響曲第1番の後に書かれた作品と考えられている。当初は第2番として発表予定であったが、出来に自信がなかったのか正式な発表はされなかった。

ブルックナーは晩年になり、若い頃に書いた譜面を整理し、不出来なものは破棄している。だがこの作品には、「∅」「単なる習作」などの書き込みがなされたのみで、捨てられずに譜面が残された。この「∅」の記号がきっかけで、この曲は「交響曲第0番」と呼ばれるようになっている。

ブルックナーがこの「∅」にどういう意味を込めたかは永遠の謎だが、ともかくおかげで後世の我々には、ちょっとミステリアスなタイトルを持つ作品が残された。その後、第0番は多くのオーケストラによって演奏されており、今ではブルックナー作品のひとつとしてすっかり市民権を得ている。

ブルックナーにはもう一作、正式な番号が振られていない交響曲がある。こちらは初期の習作的存在であったためだが、破棄を免れて残された。こちらは「交響曲第00番」あるいは「交響曲マイナス1番」と呼ばれることがある。マイナス番号は、あらゆる分野を見回しても珍しいケースといえる。

作品番号あれこれ

番号がつけられるクラシック作品は、もちろん交響曲ばかりではない。著名な作曲家には多くの場合、それぞれの作品番号がつけられている。バッハの作品につくBWV番号、ベートーベンの作品につくHess番号などがよく知られたものだ。これらは年代順のもの、曲の分類に基づくものなど、付番形式は作曲家によってバラバラであり、統一的なものではない。

作品番号のうち最も有名なのは、モーツァルト作品につけられたケッヘル番号だろう。これは、モーツァルトの熱烈な愛好者であった博物学者ルートヴィヒ・フォン・ケッヘルが、一八六二年に発表した作品目録で用いた番号だ。多くの場合、ケッヘル1番は

る。
るK626は、モーツァルトの死によって未完となった「レクイエム」につけられてい
「K1」といった形で表記される。作曲順に番号が振られているため、最後の番号であ

ただしその後研究が進み、新たな譜面が発見されたり、実は他人の作品であることが判明したりということが出てきた。たとえばK350の番号がつけられた「モーツァルトの子守歌」は、アマチュア作曲家であったベルンハルト・フリースの作品であることが判明している。また、珍作として知られる「俺の尻をなめろ」（K231）はモーツァルトの真作と考えられているが、「俺の尻をなめろ きれいにきれいにね」（K233）は、現在では他人の作品であるとされている。

このため、ケッヘル作品目録は改訂が繰り返されており、現在第八版まで刊行されている。しかし、最初のケッヘル番号は一般にも浸透してしまっているので、いまさら全面的に番号の振り直しもできない状況だ。このため、たとえばK186とK187の間に作曲された新発見譜にはK186aからK186hと小文字をつけ、さらにK186dとK186eの間に発見された作品にはK186Eと大文字を挟むなどの措置がとられている。初版でK250とされていた作品（セレナーデ第7番ニ長調）は、現在K24

8bとなっているため、場合によってはK250（248b）と表記されるなど、ずいぶんややこしい状況となっている。

というわけで、モーツァルト作とされる曲は大幅に増えているのだが、ケッヘル作品目録初版の626番という数字は広く浸透しており、ファンに神聖視されるようになっている。たとえば日本モーツァルト協会は、会員番号が626番までとなっており、会員が亡くなるなどして空き番が生じない限り、正会員にはなれない。ただしこの場合も臨時会員になることはでき、待遇は正会員と何ら変わらないということである。

研究者が分類のためにつけた無味乾燥な番号が、音楽の持つ魅力に華を添える役割を果たしている。抽象性が高く、最も数学に近い芸術である音楽に、番号は何より相性がよい存在なのだろう。

〔コラム：0番の謎〕

ここまで、背番号や駅のホームなど、いくつか「0番」の例を紹介してきた。ものの数え方には0オリジンと1オリジンという二つのタイプがあり、たとえば月日などは1月1日から始まるので1オリジン、時刻や満年齢などは0から数え始めるので0オリジンということになる。ビルの階数や西暦なども1オリジンであり、0階や西暦0年というものはないので、計算のときなどにしばしば混乱のもととなる。

番号も基本的には1オリジンの数体系であり、コンピュータ関連など特定の分野を除いては、0番から始まるケースは少ない。0番という番号は、1番から始まった体系に対して、後づけで挿入されるケースがほとんどだ。

たとえば二〇一九（令和元）年、漫画「ドラえもん」の第0巻が発売された。ドラえもんは小学館の多くの雑誌に連載され、単行本（1～45巻）に未収録の作品も数多く存在する。第0巻はこれら「幻の作品」のうち、各誌の連載第1話を集めて編集されたものだ。ドラえもんの原点となる作品群であるため、46巻ではなく0巻とされたのだろう。

ゴルフクラブのアイアンは通常1番から9番が用いられるが、一時期石川遼選手が0番アイアンを試合で使用して話題になった。アイアンは番手の数字が増えるごとにロフト角（クラブのフェースの角度）が大きくなるが、この0番アイアンは1番（15度程度）よりも小さい11度付近のロフト角を持つ。ウッドの飛距離とアイアンの止まりやすさを併せ持つとのことだが、これを使いこなすゴルファーは少ないようだ。

物理学分野では、「熱力学第零法則」と呼ばれる法則がある。これは、熱力学第一〜第三法則までが定着した後に、より基本的な法則として付け加えられたため、この名になったものだ。同様に、SF作家アイザック・アシモフの唱えた「ロボット三原則」にも、後から追加された「第零法則」が存在する。

このような後づけで0番が組み込まれたのでなく、最初から0で始まっていた珍しいケースとして、紙などのサイズを表すA判・B判の系列がある。これらはいずれも1対ルート2の長方形であり、半分、半分と切っていっても縦横比が変わらない便利さがある。基本となるA０判は八四一ミリメートル×一一八九ミリメートル、B０判は一〇三〇ミリメートル×一四五六ミリメートルだ。A０判を半分に切ったものがA１判、さらに半分にしたのがA２判……という具合で、要するにAやBの後の数字は、半分に切った回数を示すと考えればわかりやすい。辺の長さが中途半端な数字なのは、A０判の面積が一平方メートル、B０判が一・五平方メートルとなるよう定められているためだ。

日本では、「ゼロ」という言葉は比較的クールな印象を持たれており、ゲームやアニメなどにもよくゼロの名が用いられる。古くは太平洋戦争中の主力戦闘機であった「ゼロ戦」(零式艦上戦闘機)などの例もあった。これは、皇紀二六〇〇(一九四〇〈昭和一五〉)年に制式採用されたことから、その下二桁を取って命名されたものだ。

一方でアメリカなどでは、ゼロという言葉はネガティブな印象を与えるため避けられることが多く、たとえばスポーツ選手でも背番号0の例は日本より少ない。格闘ゲーム「ストリートファイター」が、アメリカでは「ストリートファイターアルファ」の名で発表された例もある。このあたり、文化の差が現れる部分であるようだ。

19　視聴率はチャンネル番号で決まる？——テレビチャンネル

謎深きテレビチャンネル

数々ある番号の中でも、筆者が子供の頃から一番疑問に思っていたのが、テレビのチャンネル番号だ。1、3、4、6、8、10、12という不思議な並びは、どういう理由でできたのだろうか。2や5を使わない理由は何なのか、なぜ3と4の間だけくっついているのか、周りのどの大人に聞いても誰も知らなかった。実は、今やたいてい何の疑問にでも答えてくれるグーグル検索に当たってみても、すっきりした解説には行き当たらない。あれほどみなが毎日目にしていた番号であるにもかかわらず、何より謎の深い番号なのである。

ただ先ほど挙げた1から12までのチャンネル番号は、一昔前の関東地方の人にしか通じないだろう。二〇一一（平成二三）年の地上デジタル放送移行の際に、チャンネル番号が変動したからだ。また、テレビチャンネルは地方によっても異なる。TBS系列を例に取ると、関東では6チャンネルだが、中京地区のCBCテレビは5チャンネル、近畿地区の毎日放送は4チャンネルだ。地上デジタル放送の開始以来、NHKは全国ほとんど1チャンネルとなったが、中京地区は3チャンネルがNHKであり、1チャンネルはフジテレビ系の東海テレビが占めている。旅行先のホテルでテレビをつけてみたら、どうにも見たい番組が見つからず、リモコン片手に首をひねった経験のある方は多いだろう。

なぜチャンネル番号はかくもややこしいのか。これを探っていくと、テレビ放送の技術的な問題と、複雑怪奇なテレビ局の歴史に行き当たる。

放送のしくみ

放送というのは、要するに映像や音などのデータを電波の形に変えて、遠くまで送り届けることだ。何しろ電波というのは、ケーブルなどの設備を必要とせず、光のスピードで遥か遠距離まで届くから、通信にこれほど便利なものはない。

電波は、周波数によってそれぞれ届く距離や運べるデータ量が異なる。このため、携帯電話やＡＭ・ＦＭラジオ、アマチュア無線など、用途によってそれぞれ適した周波数の電波が用いられている。また、みなが好き勝手に電波を飛ばすと混信してまともな通信ができなくなるから、国際規約や電波法などによって、使用可能な波長は厳密に取り決められている。要するに、電波というものは土地などと同じように限りある資源であるから、取り決めの下でうまく分け合って使いましょうということになっているのである。

たとえばラジオの中波放送（いわゆるＡＭラジオ）には、日本では五三一キロヘルツ～一六〇二キロヘルツの周波数を持った電波が用いられている。かつてはこれを一〇キロヘルツずつ刻んで各放送局に割り当てていたが、一九七八（昭和五三）年以降は国際規約の変更により、これが九キロヘルツごとになった。このため日本のＡＭラジオ局の周波数は、ＴＢＳラジオが九五四キロヘルツ、文化放送が一一三四キロヘルツ、ニッポン放送が一二四二キロヘルツといったように、みな九で割り切れる数字になっている。中途半端な数字には、こういう意味があったのだ。

テレビ放送の開始

というわけで、本題であるテレビの歴史を追ってみよう。他に先駆けてテレビ放送を研究していたのはやはりNHKで、一九五三（昭和二八）年の放送開始を目指していた。しかしその独走に待ったをかけたのが、読売新聞社社主の正力松太郎であった。読売新聞は一九五一（昭和二六）年元旦の社告でテレビ放送の開始をぶち上げ、資金調達に乗り出す。

両者は競い合いながら、一九五二（昭和二七）年に放送予備免許を獲得する。翌一九五三（昭和二八）年二月にはNHK、八月には日本テレビも本放送を開始し、日本にとって記念すべきテレビ元年となった。この翌年には力道山が登場してプロレスブームが巻き起こり、一挙にテレビ時代が加速していく。

さて、チャンネルの割り当てはどう進められたのだろうか。当初、超短波（VHF）のテレビ放送に割り当てられた電波は、合計六チャンネル分であった。だが、このころ1チャンネル（九〇〜九六メガヘルツ）と2チャンネル（九六〜一〇二メガヘルツ）は在日米軍が使用していたため、利用可能なのは3〜6チャンネルのみという状況であった。

関東・中京・近畿の三地区で、テレビ放送を開始することは決まっていた。そこにこの貴重な枠を、どう割り振るか。考えねばならないのは、混信の問題だ。3チャンネル（一〇二～一〇八メガヘルツ）と4チャンネル（一七〇～一七六メガヘルツ）の間だけは周波数が離れているので問題ないが、同地区で5チャンネル（一七六～一八二メガヘルツ）と6チャンネル（一八二～一八八メガヘルツ）のように周波数が近い局が並立していると、混信が起きて映像や音の乱れが発生する。また、たとえば関東と中京で、同じチャンネル番号の局が違う内容の番組を流すと、両者の境界地域ではやはり混信が起こりうる。

こうしたさまざまな条件を勘案し、関東地区には3・4・6チャンネル、中京地区には3・5チャンネル、近畿地区には4・6チャンネルが割り当てられることに決まった。NHKは関東・中京で3チャンネル、近畿で4チャンネルを割り当てられるが、後に米軍から1・2チャンネルの電波帯が返還された際、関東は1チャンネルへ、近畿は2チャンネルへ移動した。東海地区では1チャンネルに民放の東海テレビが入ったため、NHKは3チャンネルのまま今に至っている。

こうしてテレビブームが拡大すると、他社も黙ってはいられない。何しろ、テレビは大量の映像データを送らねばならないから、ラジオよりも遥かに広い周波数帯域を必要とする。となれば、設置できるテレビ局の数はそう多くはなく、出遅れれば永遠にテレビ局を持てなくなってしまう。新聞などマスコミ各社はもちろん、出版社、映画会社、宗教団体などなど、多くの企業や団体が放送局開設に動き出したのだ。

一九五七（昭和三二）年には、関東地区に三局、近畿地方に二局、中京地区に一局、その他各地方で一局ずつのテレビ局開設を認める「第一次チャンネルプラン」が発表された。放送免許を求めて殺到した多くの企業をその豪腕で捌いたのが、かの田中角栄であった。三九歳の若き郵政大臣は、申請者二七社の代表を集めた懇談会で、自身のまとめた調停案を元に申請者同士の合同を勧告した。競合各社は、どう見ても「懇談」や「勧告」ではなく、「申し渡し」でしかなかったその案に従う他なく、いがみ合ってきた経緯を捨てて合同に向かう。文化放送・ニッポン放送・松竹・大映・東宝などは共同で「富士テレビジョン」（現フジテレビ）を設立し、東映・日経新聞・旺文社などは、難航の末に「日本教育テレビ」（NET、現テレビ朝日）を立ち上げる。

すでに放送を開始していた日本テレビの「4」、TBSテレビの「6」に続き、富士テレビジョンには「8」、NETには「10」のチャンネル番号が与えられた。奇数が使われないのは、前述した通り混信を防ぐためだ。その他、中京・近畿他の各地にもテレビ局が開局し、テレビ界は花盛りの様相を呈し始める。

また一九六八（昭和四三）年からは、極超短波（ＵＨＦ）を用いたテレビ局も登場した。ＵＨＦはチャンネル数が多くとれるものの、遠距離へは電波が届きにくいため、地方の独立局に多く用いられた。チャンネル番号は、13〜62チャンネルが充てられている。野球中継などを見るため、ＵＨＦ局へとガチャガチャとテレビのダイヤルを回した記憶のある方も多いことだろう。

ただし地方局の収益力は低く、番組制作能力も限られていた。勢い、これら地方局は東京や大阪のキー局と提携し、番組を供給してもらうようになる。こうしてテレビ局のネットワーク化が進むが、親会社との関係などで何度も移籍が起こっており、その歴史は複雑怪奇だ。こうしてわかりやすい付番などは望むべくもなくなり、地域ごとに全く異なるチャンネル番号という面倒な状況が生まれてしまったのだ。

地上デジタル放送開始前の、東名阪三地区のチャンネル番号を一九七頁の表に示す。同一地区内では番号が隣接しないよう（3・4チャンネルを除く）、また隣接地区ではなるべく同じ番号が用いられないよう設定されているのがおわかりいただけるだろう。

地デジ化の明暗

こうして複雑なままに固定化されてしまったチャンネル番号だが、二一世紀に入って大きな変革が訪れる。地上デジタル放送の開始がそれだ。前述のように、VHFの電波帯には混信を避けるために空きチャンネルが多く設けられており、極めて非効率だ。デジタル放送の技術を用いれば混信の心配はなく、チャンネルの間を詰めることができるため、貴重な電波を有効活用することができる。

地上デジタル放送は、それまでのUHFの13〜52チャンネルに当たる領域の電波を利用するもので、二〇〇三（平成一五）年から移行が開始され、二〇一二（平成二四）年三月三一日をもって完了した（当初は二〇一一年七月二四日に移行完了の予定であったが、東日本大震災の被災地である東北三県のみ完全移行が延期された）。

地デジ放送開始後のチャンネルは、以下のように整理された。NHK教育テレビ（Eテレ）は2チャンネルで統一されたが、NHK総合は中京地区や北海道・富山・福岡などで3チャンネルのまま残された。関東の民放では日本テレビ・TBS・フジテレビは変わらず、テレビ朝日とテレビ東京が番号若返りとなった。関東の3、中京の7〜9、

関東	NHK 1	NHK教育 3	日本テレビ 4	TBS 6	フジテレビ 8	テレビ朝日 10	テレビ東京 12
中京	NHK 3	NHK教育 9	中京テレビ 35	CBC 5	東海テレビ 1	メ～テレ 11	テレビ愛知 25
近畿	NHK 2	NHK教育 12	読売テレビ 10	毎日放送 4	関西テレビ 8	朝日放送 6	テレビ大阪 19

地デジ化前の東名阪三地区のチャンネル番号

関東	NHK 1	NHK教育 2	日本テレビ 4	テレビ朝日 5	TBS 6	テレビ東京 7	フジテレビ 8
中京	NHK 3	NHK教育 2	中京テレビ 4	メ～テレ 6	CBC 5	テレビ愛知 10	東海テレビ 1
近畿	NHK 1	NHK教育 2	読売テレビ 10	朝日放送 6	毎日放送 4	テレビ大阪 7	関西テレビ 8

地デジ化後の東名阪三地区のチャンネル番号

近畿の3、5、9などの番号は、地域の独立放送局が使用している。

中京テレビが35→4、テレビ大阪が19→7などとして、系列の親局に合わせたところもあったが、番号を変更しないままのところも多かった。他局との調整の難しさもあっただろうが、やはり長年慣れ親しんだ番号を変えたくなかったのだろう。チャンネル番号の数字を局のロゴマークにしているところなども多く、イメージ刷新はそう簡単ではない。

だが地デジ化以降、各局の明暗ははっきり分かれた。日本テレビは変わらず好調だが、テレビ朝日も二〇一二（平成二四）年にプライムタイム視聴率一位に輝くなど、躍進を見せている。

一方、一九八〇～九〇年代にかけて視聴率トップを独走したフジテレビは重大な不振に陥っており、今やテレビ東京に迫られるまでになった。

フジテレビの不調については多くの分析がなされ、体質の変化や社屋移転などが原因として挙げられている。しかし、チャンネル番号が関東キー局中で最後尾になったから、という一見単純な指摘にも、なかなか見逃せぬものがあると思える。

地デジ化以前、フジテレビの番号は関東の主要七局中五番目にあり、新聞などの番組表でも中央やや右寄りの目につきやすい位置にあった。しかし地デジ化によってフジテレビは番組表の右端に追いやられ、目に入りにくくなってしまった。チャンネルを1から順に切り替えて面白そうな番組を探す際にも、8チャンネルにたどり着く前に手前でストップしてしまうことが多くなる。自分のテレビ視聴習慣を省みると、これは確かに影響がありそうだと思えてくる。

実際、フジテレビの凋落は、地デジ化がほぼ完了した二〇一一年から顕著になっており、番号の若返ったテレビ朝日の躍進はこれと同時期だ。これらを考え合わせれば、チャンネル番号変更は少なくとも、視聴率変動の要因のひとつにはなっていると思える。

もしフジテレビが、空いていた3チャンネルに乗り換えていれば事態は違っていたかもしれないが、これは後知恵というものだろう。

チャンネル番号などに左右されない、圧倒的に面白い番組を作ればよいだけだ――といってしまえば、もちろんそれまでではある。しかし、たかが数字の大小ひとつで巨大企業の命運が左右されてしまうというのが、番号の持つ怖さであるには違いない。

20　ウィンドウズ8は6・2——バージョン番号

進展を表す番号

世の中は番号に満ち溢れていると何度も書いてきたが、中でもコンピュータの世界は番号まみれといってもよいだろう。そもそもコンピュータは数字を取り扱う機械なのだから、番号と相性がよいのは当然だ。パソコン本体にも、その主要部品たるコンピュータチップ類にも何らかの型番がついているし、IPアドレス（インターネット上の住所に相当する一連の数字）なども番号の一種といえるだろう。その中でも我々がよく見かけるのは、いわゆるバージョン番号ではないだろうか。

コンピュータのソフトウェアというものは、ユーザーの要望や環境の変化に合わせ、何度も改良を重ねてゆくことが多い。書籍の「版」「刷」と似たようなことだが、ソフトウェアではバージョン間の区別がより細かく、より厳密であることが求められる。これを管理するためにつけられるのが、いわゆるバージョン番号だ。

バージョン番号のつけ方の統一規格も一応存在するが、必ず守らねばならないというものでもない。というわけで、以下にはあくまで一般的な番号のつけ方を示す。多くの場合、最初に完成品として公開あるいは市販されるものが「バージョン1・0」とされる。以下、大きな改良が行なわれる、すなわちメジャーバージョンアップのたびに2・0、3・0……と番号が増えていく。

「・0」と小数点がついているのは、細かなバージョンアップを表すためだ。一部機能の追加など、中程度の改良がなされた場合「バージョン1・1」、不具合や誤字の修正などの細かい変更の場合は「1・0・1」といった具合に番号がつけられることが多い。番号に本格的に小数点が導入されたのは、番号の歴史において画期的なことといえる。

ただし、バージョン1・9に中程度の改良が行なわれた場合には2・0にはならず、1・10、1・11……といった具合に番号がつけられることが多い。この点、普通の小数とは扱いが異なる。たいていの場合、バージョン2・0になるのは、操作方法やデザインなどに一見してわかる改良がなされたか、互換性が一部失われるような大きな改修が行なわれた時だ。

また、バージョン番号として1・0以下の数字が使われることもある。未完成のままテスト公開されるソフトウェアに、バージョン0・5などの数字が付与されるケースだ（いわゆるβ版）。ユーザーの声を聞いて改良やデバッグが済んだら、晴れてバージョン1・0として正式に世に出ることとなる。

バージョン番号さまざま

前述の通り、バージョン番号のつけ方には特に正式な決まりはなく、メーカーが好きに決めてよい数字だ。このため、開発元によって数字のつけ方はさまざまに異なる。無料のメールクライアントとして有名な「サンダーバード」は、本書執筆時点での最新バージョンは68・0と、非常に大きな数字になっている。これは、同ソフトのβ版や修正版が出るたび、1ずつ数字を大きくしているためだ。

ユニークなのは、複雑な数式などの表記に用いられるソフトウェア「TeX」（テフと発音する）だ。数学者ドナルド・クヌースによって一九七八（昭和五三）年に発表され、一九八九（平成元）年にはバージョン3が登場したが、作者はこれ以上の機能追加を行なわないと発表した。その後は小規模な修正のみが行なわれ、そのたびにバージョンは

3・14、3・141、3・1415……と円周率に近づいていっている。そして作者クヌースが死去した際に、その時の版が「バージョンπ」として残る予定だそうだ。いかにも数学者らしいやり方ではある。

バージョン番号が突然ジャンプするケースもある。たとえばインターネットのブラウザとしてウェブの黎明期に人気を誇った「ネットスケープコミュニケーター」は、バージョンが4・8から6・0に飛んでいる。これは開発者の体制が変わったためでもあるが、ライバル関係にあったマイクロソフト社の「インターネットエクスプローラー」にバージョン番号を合わせたという説がある。当時、両者は「ブラウザ戦争」と呼ばれる激しいシェア争いを繰り広げており、あらゆる面でライバルに劣っていないという印象を与える必要があったのだ。

また、正式なバージョン番号とは別に、商品名として別の数字が付与される場合もある。たとえばマイクロソフト社のウィンドウズシリーズは、「ウィンドウズ3・1」まではバージョン番号がそのまま商品名になっていたが、「ウィンドウズ95」からは発売年を入れた名称となった。しかし「95」もバージョン番号が消えたわけではなく、「ウィンドウズ　バージョン4・0」という番号もつけられている。であれば、商品名として「ウィンドウズ４・０」を採用する手も当然あったはずだ。

しかし当時は、バージョン番号というものがさほど世になじんでいなかった時代であり、初めて一般向けに大々的に売り出されるＯＳの名称として「４・０」は不適格と考えられたのだろう。ウィンドウズ95は思惑通り発売と同時に猛烈に売れ、マイクロソフトが世界を制するための礎石となったが、「ウィンドウズ４・０」という名称であったら歴史はどう変わっていただろうか。

このような、表には出ないバージョン番号を「内部バージョン」と呼ぶ。この後発売されたウィンドウズ98はバージョン４・１、ウィンドウズＭｅはバージョン４・９、ウィンドウズ２０００はバージョン５・０、ウィンドウズＸＰはバージョン５・１、ウィンドウズＶｉｓｔａはバージョン６・０というのが、それぞれの内部バージョン番号となっている。なんだか納得の行くような行かないような変化のしかたである。

ではその次のウィンドウズ7はバージョン７・０かと思うところだが、実は内部バージョン番号は６・１だ。なのになぜ製品名が7になったかというと、7がラッキーナンバーであるため、ビル・ゲイツの愛車がマツダＲＸ－７であるためなどいくつか説があるようだ。ならば内部バージョンも７・０にすればよいのにと思うが、実はウィンドウズ7は前バージョンであるVistaとの互換性を重視し、基本部分に大きな変更はなされていない。一般ユーザーに対しては「大きく進化した」とアピールするため「7」を名乗り、ソフトウェア開発者に対しては「今までと大きく変わっていないから安心してくれ」というメッセージを伝えるため「6・1」という数字を選んだ、というのが真相だろう。「7」の後に登場したウィンドウズ8とウィンドウズ8・1もこれを踏襲しており、内部バージョン番号はそれぞれ6・2、6・3だ。番号にも、本音と建前があるわけである。

二〇一五（平成二七）年に登場した新バージョンのウィンドウズは、9を飛ばして「ウィンドウズ10」と命名された。内部バージョンも一挙に10・0となり、3・1以来久々に商品名とバージョン番号が一致した。マイクロソフト社では、「10」という数字は新世代のOSであること、また最後のウィンドウズになる（これ以後は定期的に無償でバージョンアップが行われ、常に最新の機能が提供される）ことを意味するとしている。実際、ウィンドウズ10は細かい更新が何度も行われているものの、バージョンの数字は現在まで10・0であり続けている（更新状況は、ビルド番号という別の数字で表される）。

このあたりは、宿命のライバルたるアップル社のOS（macOS）もやや似た状況にある。このOSは一九八四（昭和五九）年の初代「マッキントッシュ」登場以来少しずつバージョンアップを積み重ねて9・2まで来たが、二〇〇一（平成一三）年に操作やビジュアルを大幅に刷新して「Mac OS X」（マック オーエス テンと発音する）を名乗り、バージョンは10・0になった。これ以降はバージョンを10・1、10・2……と順次更新し、現在は10・15が最新バージョンとなっている。ウィンドウズ・マッキントッシュ両者ともバージョンが10で打ち止めとなっており、バージョン11が出る気配は今のところない。10は完全な数とする古来からの文化が、ハイテクの極みともいえるパソコンの世界に、ここに来て立ち現れてきているようなのは面白い。

こうして製品名に堂々とバージョン番号が取り入れられるようになったのは、この二十数年で「バージョン」という概念が広く社会に浸透した証だろう。「バージョンアップ」「ニューバージョン」などの言葉も抵抗なく受け入れられるようになり、今や「モード」や「アドレス」などと並んで、一般に最も普及したコンピュータ用語のひとつといえそうだ。

そしてバージョン番号は、今やソフトウェア以外にもいろいろなところで使われるようになった。そのきっかけとなったのは、二〇〇五年ごろから流行り始めた「ウェブ

2・0」という言葉であったように思う。これは、ブログやSNSなど、双方向的な情報のやり取りができるようになったウェブのことを指し、当時画期的なこととされた。もともとはコンピュータソフトのバージョン番号として使われていた「2・0」という表記を、ウェブ全体にまで適用した言い回しが受けたのか、この用語は広く受け入れられた。

「2・0」という表現は、それまでなじんできたものとは本質的に異なる、大きな環境の変化あるいは向上を表現する言葉として用いられる。『お金2・0』『労働2・0』などの本がベストセラーになったし、「ドコモ2・0」など企業のキャッチコピー、「ダイ・ハード4・0」など映画のタイトルにも使われた。シンプルでキーワードとして使いやすいためもあって多用され、近頃ではやや食傷気味でさえある。

かつて専門家や一部のマニア間の符丁であったバージョン番号は、コンピュータ社会の進展と共にすっかり市民権を得た。別にコンピュータの専門家ではない筆者だが、なんだか感慨深いものを感じてしまうのである。

21　文化と見栄とプライドと――型番

数字に込められた思い

新聞や雑誌の「新製品情報」の欄を見ていると、よくもまあこれだけの新しい製品が毎シーズン世に送り出されるものだと感心する。数ヶ月でそうそう技術が進歩するわけでもないのに、こうまでして新製品を作り出さねばならぬものかとも思うが、資本主義社会とはそうしたものなのだろう。

こうして生まれる膨大な製品を管理するために用いられるのが、型番と呼ばれる数字だ。多くはアルファベットと数字の組み合わせで表され、商品名（の一部）として広く知られることもあれば、製品の裏側に小さく刻印されているだけのこともある。

他の番号とは異なり、型番は企業が自由に選んでつけてよい数字だ。それだけに、型番には企業側の様々な意図が込められる。大きく進歩した製品には、それまでの番号から大きくジャンプした数字が与えられるし、全く新しいジャンルの製品には、その革新性をアピールするために全く別系統の数字を付与する。逆に、あまり世に知られたくないような不具合の修正には、末尾にひっそりとアルファベットをひとつ付け足すことで対処したりもする。

食品や消耗品など、消費者が短期間しか使わない商品には、型番がつけられないことがほとんどだ。我々がよく目にするのは、コンピュータ関連製品や自動車など、長期に渡って使用する複雑な製品の型番だろう。これらはメンテナンスなどの必要があるため、製品の仕様を厳密に特定する必要があり、型番の活躍の場となる。

また型番は、単なる分類整理のためだけでなく、製品のステータスを消費者にアピールする場でもある。数桁の数字というわずかな情報の中に、製品の背景にある技術と歴史を詰め込んだ型番には、企業としてのプライドや精神性までが込められて見えるものさえある。

コンピュータの型番

型番が広く用いられる製品の例として、コンピュータの場合を取り上げてみよう。電子計算機の歴史は一九四六（昭和二一）年完成の「ENIAC」に始まるといわれるが、その後を継いだEDVAC、EDSACなどの時代には、まだ型番は登場していない。言うまでもなく、この時代のコンピュータは「一点もの」に近い製品であり、型番で区別する必要がなかったのだ。

コンピュータの世界における型番の最初期の例としては、一九五〇（昭和二五）年に米国ERA社が開発した、ERA-1101あたりが挙げられる。しかしこの世界に型番を定着させたのは、やはり米国IBM社だろう。一九五二（昭和二七）年に発表されたIBM701を皮切りに、有名なシステム360など高性能なマシンを次々に送り出し、大型電子計算機市場で独占的な地位を築き上げた。この時代、各社とも製品にはアルファベット+三〜四桁の数字から成る型番をつけており、一九六八（昭和四三）年公開のSF映画「2001年宇宙の旅」に登場するコンピュータ「HAL9000」の名称なども、この影響下にあったのだろう（なおこの「HAL」という名は、当時全盛であった「IBM」の綴りを一つずつ前にずらして作られたとする説が有名だが、スタンリー・キューブリック監督はこれを否定している）。

この流れが変わったのは、一九七〇年代のパーソナルコンピュータ出現以降のことだ。

一九七六（昭和五一）年、スティーヴ・ジョブズとスティーヴ・ウォズニアックは、彼らの作り出したコンピュータと会社を「アップル」と命名した。無機的な型番でなく、「アップル」という親しみやすい名をつけた理由についてはいろいろな説があり、単にアルファベット順で一番になることを狙ったためともいわれる。しかしこの名には、コンピュータを一般の人々の手に解放しようという、彼らの強い想いが込められていたのは確かだろう。この後もアップル社は「リサ」や「マッキントッシュ」など、およそそれまでのコンピュータとはかけ離れたイメージのネーミングを続けてゆく。

しかしジョブズが会社を去った一九八六（昭和六一）年以降、アップルはやたらに多くの機種を販売するようになり、マッキントッシュLC475のような三〜四桁の型番が登場する。だがジョブズは、一九九七（平成九）年にアップルに復帰するや否や大鉈を振るい、四〇もあった機種をたった四つに絞り込む。さらに翌一九九八（平成一〇）年には型番のない新機種「iMac」を大ヒットさせ、瀕死の状態にあったアップルを一挙に立て直して見せた。iPod、iPhone、iPadなど、その後に彼が生み出した革新的な製品群にも、型番はついていない（iPhone11のような数字はつけられているが、これは型番というより通し番号だ）。覚えきれないほど多くの機種、それを区別するための面倒な型番などというものは、ジョブズの哲学には合わなかったのだろう。

一方、日本のパソコン時代の幕開けを担ったのは、NECのPC－8001、シャープのMZ－80K、富士通のFM－8など、アルファベットと数字から成る機種名を背負ったマシン群だ。日本のパソコンは、まさにマニアのものとして始まったといえる。これら黎明期のマシンに「8」とつくものが多いのは、もちろん当時のパソコンのCPUが8ビットであったからだ。

中でもNECは、PC－8001の後継機種PC－8801シリーズのヒットでこの業界における地歩を固め、16ビットパソコンのPC－9801シリーズで市場を完全制圧した。8ビットから16ビットへという大きなジャンプであるから、9801ではなくもっとかけ離れた数字か、「16」を含む数字を選ぶことも考えられただろうが、PC－8801シリーズのソフトウェア資産を受け継ぐマシンという主張が、ここには込められていた。ライバルのシャープや富士通が、8ビットマシンとは全く互換性のない16ビットマシンを発売した（型番も全く別物になった）のとは対照的であり、NECが市場を制する大きな要因となった。この後、PC－98XAやPC－9821など多くの派生機種も生まれたが、32ビットマシンの時代になっても「98」のナンバーは一貫して受け継がれた。「98」は日本のパソコンの代名詞となり、NECにとっては最大の看板かつ資産ともなったのだ。

長きにわたった98シリーズの天下を終わらせたのは、マイクロソフト社のOS・ウィンドウズ95の登場であった。これ以前は各社が独自の規格のマシンを設計・販売していたが、これを境にウィンドウズが動く共通規格のマシンを各社が販売するようになる。NECも独自アーキテクチャの98シリーズの販売を縮小し、VALUESTARやLAVIEなどのマシンを販売するように変わっていった。ライバル各社も、ソニーのVAIOシリーズ、東芝のダイナブックなどなど、型番ではなく固有名のついたマシンがメインになっていく。

これは、各社とも基本的に同一設計のマシンを販売する時代にあっては、型番よりも固有の名前の方が、他社製品と差別化しやすいという事情があったのだろう。パソコンが、ビジネスマンや一部のマニアのものでなく、一般家庭でも用いられるようになった時代には、性能を誇示するための型番よりも親しみやすい名が受け入れられやすくなったということもありそうだ。ウィンドウズ95の登場は、パソコンの歴史における大きな分水嶺であったが、同時に型番という文化をも葬り去ったといえる。

自動車の型番

一方、自動車業界は今も広く型番が用いられるジャンルだ。ただしアメリカとヨーロッパで傾向ははっきり異なり、アメリカでは車種を固有名詞で表すことが多い。フォード社は二〇世紀初頭には、有名なT型フォードなどアルファベットで型式を表していたが、戦後からは「サンダーバード」や「マスタング」のような固有名（いわゆるペットネーム）が主体となってゆく。ゼネラル・モーターズ、クライスラーもこの傾向は同様で、現在もほとんどの米国車にペットネームがつけられている。

逆にヨーロッパでは、数字で車種名を表す文化が根強い。ひとつには、合理主義がその背景にあるといわれる。ペットネームは、他国語では悪い意味を持つ言葉だったり、商標登録されていたりで使いづらいケースが出てくる。たとえば三菱自動車の「パジェロ」という車名は、スペイン語圏では性的な意味に解釈できてしまうため、海外では「モンテロ」「ショーグン」などの名で販売されている。しかし、車種名を万国共通の数字とアルファベットにしておけばこうした問題は生じず、統一ブランドで国際展開できるというわけだ。地続きの外国に自家用車で気軽に走っていけるヨーロッパでは、こうした配慮が重要になるのもうなずける。

また、アルファベットと数字の型番は、ステータス感の表現でもある。ヨーロッパのメーカーでも、フォルクスワーゲンやルノーなど大衆車中心の企業はペットネームをつける傾向が強く、BMWやメルセデス・ベンツ、ポルシェやフェラーリなどの、高級車中心のメーカーは型番表示が主体となっている。

型番といえるものを最初に導入したのはフランスのプジョーらしく、一八八九（明治二二）年に初めての自動車を製造して以降、タイプ2、タイプ3……といった番号を製品につけて区別している。ただしこれらは単純な通し番号であり、製造者の意図が込められた数字という意味の型番ではない。

英国では当初、法律でエンジンの馬力を車名として表示するよう定められていた。たとえば、一九〇六（明治三九）年にロールス・ロイス社が発売した名車「シルヴァーゴースト」の正式名は「40／50ＨＰ」だ。税金が馬力によって区分されていたためにこうした規定があったのだが、いかにも味気ない。

プジョーも一時期こうした方式で車を命名していたが、一九二九（昭和四）年発売の「２０１」以降、三桁の数字を車種名とするようになる。百の位は車のクラスを表し、十の位は0で固定、一の位が世代を表すという方式だ。200番台で始まった理由は、100番台がバイクに使われていたからだが、一九七二（昭和四七）年発売のプジョー104以降、100番台は自動車に使われるようになっている。100〜300番台はハッチバック、400〜600番台はセダン、800番台はミニバンに使われており、基本的に車格が高いほど数字も大きくなる。最近では三桁番号だけでは足りなくなり、3008や5008といった四桁番号の車も登場した。

十の位を0で統一した番号（セントラル・ゼロ）へのプジョーのこだわりは相当のもので、たとえばポルシェが901というスポーツカーを売り出そうとした際には、プジョーからすかさずクレームが入れられ、911への変更を余儀なくされた。プジョーは901という型番の車を販売していないが、101から909までの番号を全て商標として押さえていたためだ。史上最も有名なスポーツカー・ポルシェ911の名は、フランスの横槍で誕生したのだ。

前述の通り、プジョーにおいて一の位は世代を表す数字に用いられてきた。しかし300番台は309までの数字を使い尽くしてしまったため、二〇一二（平成二四）年から命名規則が変更されることになった。今後は、新興国向けの車には301など末尾

「1」を用い、その他の車種は末尾を「8」とする。というわけでプジョーのディーラーに並ぶ現行車種は、308・508・2008など「08」で終わるものばかりだ。なぜ8なのか不思議になるところだが、よりグレードの高い車種が登場したときのために9を空けてあるのだろうか。

ドイツのBMWも三桁の型番を多用するメーカーであり、1シリーズから8シリーズまでのラインナップが揃っている。型番の百の位がこのシリーズ名を示し、数字が大きいほど車格が上がるのはプジョーと同様だ。十の位・一の位はエンジンの排気量を示しており、たとえば325iという車は、二・五リッターエンジンを搭載した3シリーズの車（末尾のiはインジェクションの頭文字で、ガソリンエンジンを表す）を指している。近年では、排気量と型番の数字が合わないモデルも増えてきているが、全体としてシステマティックな命名体系が貫かれている。同じドイツのメルセデスも基本的に似たような形式で、クラスをA・B・C・E・Sなどのアルファベットで、車格を数字で表して組み合わせる形をとっている。

イタリアの誇るブランド・フェラーリもまた、三桁の型番を多用するが、その命名方針はまるで一定しない。戦後に登場した125や250などのモデルは、一気筒あたりの排気量を表す数字だ。一九七六（昭和五一）年に登場したモデル・５１２は、総排気量が五リッターで、一二気筒のエンジンであることから来ている。世界の憧れとなった一九八七（昭和六二）年登場のＦ40は、フェラーリの四〇周年記念モデルという意味だが、五〇周年記念モデルのＦ50はなぜか創業四八年目の一九九五（平成七）年に発売されているのが、いかにもイタリアらしいところだ。その後に登場した５５０と５９９はエンジンの総排気量から、８１２は八〇〇馬力の一二気筒からと、命名規則は迷走を続けている。フランスの型番はスタイリッシュ、ドイツは合理的、そしてイタリアは気まぐれというわけで、こんなところにもそれぞれの国民性が表れている気がしてならない。

では我が日本はどうか。日本の量産乗用車第一号と呼ばれるのは、一九三六（昭和一一）年発表のトヨダＡＡ型（トヨタではない）であったが、自家用車の本格的な普及は昭和三〇年代に入ってからのことだ。この時期にはスバル３６０やホンダＳ６００といった型番（いずれも排気量に由来）の車も人気を集めたが、次第にペットネームを持った車が主流になってゆく。最大手のトヨタが当初からクラウンやコロナなどの車種名を用いていたこと、またアメリカの影響が強かったことなどが要因だろう。その後も名称に数字の入った車が散発的に登場したが、ヨーロッパのような体系的な命名はなされてこなかった。

この傾向を変えたのは、一九八九（平成元）年に登場したトヨタの高級車ブランド・レクサスだ。レクサス車の名称は、カテゴリーを表すアルファベット二文字（LSはラグジュアリーセダン、GXはグランドクロスオーバーなど）と、排気量を示す三桁の数字から成っている。これは、直接の競合相手となるドイツ車の命名傾向を意識し、高級感を演出することを狙ったと見てよいだろう。

それにしても、高級車はなぜ車種名に排気量の数字を入れるのだろうか。これはバイクでも同じ傾向で、小型の街乗りスクーターはほとんどペットネームがつけられているのに対し、二五〇cc以上の大型バイクではたいてい排気量が商品名に取り入れられている。

これは要するに、男の見栄なのであろう。自分はデカいエンジンの車を乗り回す成功者だ、と他者に見せつけるには、数字の力が必要になる。車を一見すれば高級車であることは一目瞭然であっても、数字ではっきりステータスを示されることで初めて感興を覚えるのが、男という種族なのだろう。野球選手の打率しかり、「ドラゴンボール」のスカウターもまたしかりだ。

というようなことを考えていたら、マツダが車種名を刷新するというニュースが舞い込んだ。同社は今までも、RX－8やCX－5などアルファベットと数字の組み合わせの車種名が多かったが、ペットネームがつけられていた車種も今後は順次数字に改めていくという。これにより、デミオはマツダ2、アクセラはマツダ3、アテンザはマツダ6というシンプル極まりない名称に変更された。海外ではすでにこの名での販売が始まっており、これに統一する形だ。もしこれからデミオとアクセラの中間くらいの車種を発売する時はいったいどうするつもりなのだろう、と余計な心配をしたくなる。

個別の車種でなく、マツダというブランドで選ばれる存在になりたいという意図が込められた変更とのことだが、前述したステータス感の獲得を狙ったことも確かだろう。ただしこのネーミングはあまりに味気ないとの声もあり、コアなマツダファンにとってはなかなか複雑な思いのようだ。しかしマツダの方針変更が成功すれば、他社も型番路線に追随してくる可能性もあるだろう。日本の車文化に大きな影響を与えるかもしれないこの変更、果たして吉と出るか凶と出るか、先行きに注目だ。

22 「究極の番号」は問題山積——マイナンバー

番号へのレジスタンス

二〇一三（平成二五）年、ある岩手県議会議員の行動が物議を醸した。この議員は病院で会計を行なう際、名前でなく「241番の方」と呼ばれたことで激昂、費用を払わぬまま帰宅した上、公衆電話から病院に電話をかけて担当者を怒鳴りつけた。さらに議員は、「俺は刑務所に来たんじゃないぞ。〇〇病院の責任者！」と題したブログに一連の経過を記し、「このブログをご覧の皆さん私が間違っていますか。〇〇病院の対応が間違っていると思いますか！」と怒りを露わにしたのだ。

しかし、議員の期待とは異なり、この行動は「あまりに非常識」として大炎上し、ワイドショーでも大きく取り上げられるなど、集中砲火を浴びることとなった。個人情報保護の観点から、病院では名前ではなく番号で呼ぶ方が好ましいというのが、時代の趨勢というものだろう。議員はブログを削除して謝罪したが批判は収まらず、結局騒動から二〇日目に自殺と見られる姿で発見されるという、極めて痛ましい事態となってしまった。

この件、なぜ番号で呼ばれたくらいでそこまで逆上せねばならなかったのだろう、なぜこの行動が世の共感を呼べると思ったのだろう——と感じる方が大半ではないだろうか。だがここまで極端でなくとも、自分が番号で管理されることを忌み嫌い、人間としての尊厳を踏みにじられたと感じる人は、意外に多いのではと思う。米国メジャーリーグでも、背番号導入当初は「囚人のようだ」と選手たちから反発を受けたことは、すでに記した通りだ。

宮崎駿監督の映画「千と千尋の神隠し」は、こうした感覚が表れた作品ではないかと思う。強力な魔力の持ち主である湯婆婆は、主人公の「千尋」という名前を「千」へと変えることで、彼女を支配下に置いてしまう。主人公が、親の思いの込められた名を奪われ、意味を持たない単なる数字の「千」という名へと押し込められるストーリーには、管理社会への反発の意志が秘められている——というのが筆者の解釈だ。

悲願の背番号制

番号による人間の管理の究極といえるのが、二〇一六（平成二八）年に鳴り物入りでスタートした「個人番号」（通称マイナンバー）だ。国民の一人一人に番号を振り、各種の手続きの一元化を進めようという、壮大な構想のもとに始められた。たとえば引っ越しや転職などの際には、各方面を回って書類を集め、手続きをする必要が出てくる。それぞれの部署や会社で別個に番号を振って管理している現状は、事務処理があまりに煩雑だ。一人にひとつの番号を振り、一気通貫で処理を行なえるようにすれば、効率は大いに高まるはずだ。

この考えは、最近になって急に出てきたものではない。一九六八（昭和四三）年、佐藤栄作内閣で「政府における電子計算機利用の今後の方策について」という政策が閣議決定されたのが、その始まりといえる。当時は米国のアポロ計画などでコンピュータが注目を集めていた時期であり、デジタル化の推進は喫緊の課題となっていた。またこの年に導入された郵便番号が、電話番号とは何の関係もない体系であったことが「同じ郵政省の管轄でありながらなぜ不統一なのか」と批判を呼んでいたことも、その背景にある。

この統一番号計画は、「国民総背番号制」と名づけられたが、極めて評判が悪かった。情報漏洩の可能性、プライバシーの侵害などが懸念されたからでもあるが、番号による管理が「軍の兵籍簿を連想させる」などとして、抵抗感が根強かったためでもある。たとえば戸籍研究家であった佐藤文明氏の著書『個人情報を守るために～瀕死のプライバシーを救い、監視社会を終わらせよう』（二〇〇一年、緑風出版）から、一部を抜粋してみる。


「背番号（コード）管理は管理する側、される側、それぞれの心をゆがめます」

「背番号をつけられた側は屈辱感を感じ、やがては無力感から卑屈になります」

「類型データが時空間的に集積されると、人は完全な素材として処理されます」

「私たちが平時から、まるで物のように扱われる。これが国民総背番号制の脅威です。そして、いったん、ことが起きたときは、国の計画に従って、勝手に配置され、消耗品のように殺されていく。これが国民総背番号制の究極の脅威です」


さすがに、個人に番号がつけられるくらいで消耗品のように殺される心配をするのは、いくら何でも飛躍のし過ぎではと思える。ただ、番号による管理に象徴される効率最優先の現代社会が、過重労働やうつ病の頻発を招いている現状を見れば、全く的外れな主張とばかりもいえないのかもしれない。ともかく国民総背番号制というシステムが、こうした強烈な反発を呼ばずにおかなかったことは事実だ。

もちろん国民総背番号制が強い反対を受けたのは、単に気分や精神論だけの話ではない。番号の漏洩による個人情報の流出、各種プライバシーの侵害、導入にかかる膨大な経費など多くの問題が指摘されており、これらは決して杞憂などではなく各種の番号制度で実際に起きてきたことでもあった。というわけで歴代内閣は、何度も国民総背番号制の導入を試みては、頓挫することを繰り返してきた。

二〇〇二（平成一四）年には、住民基本台帳ネットワークシステム（通称「住基ネット」）がスタートする。これは日本国民全てに一一桁の番号（住民票コード）を割り当て、氏名・住所・性別・生年月日の四情報を、専用回線を用いて各自治体で共有化する仕組みだ。番号はランダムに振られたものなので、数字から何らかの情報を読み取ることはできない。また、番号は本人にも通知されず、役所に電話などで問い合わせても教えてもらえないので、住民票を取得して知る他ない。だいぶ遠慮がちな仕組みだが、これもウイルス感染や盗難による漏洩など数々の問題が起こり、評判は散々であった。数百億円という巨費を投じながら、住民票がコンビニでも取得できるようになった程度のメリットでは、国民の納得も得られようはずがない。

この流れが変わったのは、二〇〇七（平成一九）年に明るみに出た、「消えた年金」問題が契機であったといわれる。社会保険庁（当時）の怠慢から、五〇〇〇万件にも及ぶ保険料の記録が消えていたという一件で、あまりの体たらくに国民の批判が集中した。民主党は、この年金問題の解決をマニフェストに掲げ、二〇〇九（平成二一）年に政権を奪取する。彼らの示した解決策こそが、「社会保障と税の共通番号制度」の導入であった。

こうして二〇一二（平成二四）年にはマイナンバー制度関連法案が国会に提出されるが、しばらくして民主党政権は崩壊し、いったん棚上げとなった。政権を奪回した自民党はこのマイナンバー制度を手直ししつつ引き継ぎ、ついに二〇一五（平成二七）年にマイナンバー法の施行が実現した。行政サイドからすれば、ほぼ半世紀越しの悲願が、ここに実現したといってよいだろう（これらマイナンバー導入までの経緯は、斎藤貴男氏の著書『「マイナンバー」が日本を壊す』（二〇一六年、集英社インターナショナル）を参考とした）。

マイナンバーとは

そのマイナンバーは一二桁の数字であり、最後の一桁はチェックデジットだ。残り一一桁は、住民票コードの数字に一定の変換を施して作り出されている。この変換法は公開されておらず、住民票コードからマイナンバーを、あるいはその逆を割り出すことはできないようになっている。当然、マイナンバーの数字の並びそのものから、持ち主に関する情報を読み取ることも不可能だ。

マイナンバーが通知された時、ネット上では「誰がマイナンバー1番なのか」「もしかして天皇か首相なのでは」などという話が飛び交った。しかし、マイナンバーは通し番号などではなく先述のような生成法であるので、1番という人は（おそらく）存在しない。家族同士でも連番ではなく、全くバラバラになっている。また、皇室には戸籍法が適用されないため、住民票コードもマイナンバーも存在しないと考えられる。

内閣府のウェブサイトによれば、「マイナンバーは、社会保障、税、災害対策の三分野で、複数の機関に存在する個人の情報が同一人の情報であることを確認するために活用されます」としているが、その他に民間も含めた様々な利用法の拡大が想定されている。たとえば二〇一八（平成三〇）年には、預金口座とマイナンバーを紐づける義務を、銀行に課す法律が成立した。これにより、国家が個人の口座情報を正確に把握することが可能になる。今のところ預金者がマイナンバー提出を拒んでも罰則はないが、二〇二一年には完全義務化が予定されている。

となれば、当然情報の漏洩が心配になるところだ。政府は「マイナンバーは人に知られても不利益などはない」としつつ、一方で「マイナンバーをウェブなどで公開することは法律違反になる可能性がある」とし、各自が厳密に管理するよう求めている。マイナンバーのデータが入っているパソコンなどは、廃棄も引き取りもできないとする業者も出てきた。漏らしても危険はないが厳重に秘匿しておけとは一体どういうことか、と人々が戸惑ったのも無理はない。

サラリーマンなどはマイナンバーを勤務先に届け出る必要があるが、筆者のようなフリーランスの労働者は、収入が発生した取引先全てにマイナンバーを提出する必要があり、毎度マイナンバー通知書と身分証明書のコピーを簡易書留で送らねばならない。しかも会社ごとに細かく手順が異なるから、指示書を熟読の上で提出書類を作成し、郵便局に足を運ぶことを、これまで五〇回以上繰り返すはめになった。一体どこの馬鹿が何を考えてこのような愚劣なシステムを設計したのか、実に呪わしい限りという他はない。そしてこれらの取引先及び管理代理店の全てが、未来永劫筆者のマイナンバーを漏洩させぬとは、到底思えないのである。しょっちゅう個人情報を漏らしたり、大事な情報を破棄してしまったりを繰り返している各種政府機関も、信頼に値しないのはもちろんのことだ。

マイナンバーを扱う地方自治体や企業には少なからぬ財政的負担がかかり、漏洩のリスクを背負わされている。だがそれに見合うメリットが生まれているのかは、甚だ疑問だ。引っ越しや確定申告の事務処理が一発で終わるとでもいうなら少しは納得もするが、今のところ実現しそうな気配はない。また、一向に普及しないマイナンバーカードの取得促進のため、ポイント還元や保険証との一体化といった策も推進されているが、そのために税金がいくら投入されるのか、病歴などのセンシティブな情報が漏洩しないか、不安に思うのは筆者だけではないだろう。

と、いろいろとボロカスに書いてはきたが、デジタルによる情報管理は、将来を見越せばやはり必要なことには違いない。新型コロナウイルス蔓延に対する経済対策が後手に回った要因として、政府が国民の口座などの情報を効率的に管理できていないためという指摘もあった。だがこのままの状態でのマイナンバー拡大はいかにも危うく、何らかのセキュリティ技術の進歩が必要なのではと思える。巨額を突っ込んでいるために後に引けず、ずるずると浪費を重ねた挙げ句に破綻といった、日本社会にありがちな最悪の展開にならぬことを祈るばかりだ。

メソポタミア以来数千年、我々は番号をフルに活用してここまでやって来たが、いまだ人類は番号を使いこなし切れていない——ということかもしれない。このマイナンバーをきちんと運用できるのか、我々の文明の成熟度が試されているとも思えるのである。

あとがき

また変な本を書いてしまった。本書は、「新潮45」誌に二〇一七年から連載した原稿に、大幅に加筆してまとめたものだ。しかし自分で書いておいて何だが、連載しているころから一体これを誰が読んでいるのか、不思議で仕方がなかった。いや、書いている方は楽しく書いているのだが、社会派の硬い記事が満載の「新潮45」読者が、番号の話なんぞをいったいどう思って眺めていたのだろうか。寛大に受け止めていただいた読者諸氏、編集部各位に改めて感謝したい。

書くに当たって意識したのは、単なる雑学集にとどまらず、「番号という切り口を通して、人類の営みに光を当てるものにしたい」ということであった。そうして見ていくと、通常は空気のように気に留めることのない番号に、いろいろなこだわりを持って接している人々の姿が見えてくる。番号で呼ばれることを忌み嫌い逆上する者、キリ番を手に入れるために行列する者、望みの番号を手に入れるために大枚をはたく者、番号によって富を手に入れる者、身を滅ぼす者などなど実にさまざまで、人間とはおかしな生き物だと思う。まあそんな事例を嬉々として集め、本など書いている奴が一番おかしいと言われれば返す言葉がないが。

番号の成立過程を探り、変遷を追いかけてゆくのは楽しい作業であったが、一方で予想以上の苦戦を強いられた。各種番号の起源を総合的に紹介した本のひとつやふたつ出ているかと思ったら、探しても全く見当たらない。豊富な資料があるジャンルは野球の背番号くらいで、テレビのチャンネルなど、誰もが毎日目にしているものでありながら、そのルーツ探しにはずいぶん苦労させられた。なぜここにこの数字が使われたのか、なぜこれは欠番なのか、いろいろ調べてもどうにもわからず、収録を断念したものも少なくない。ひとえに筆者の調査能力不足である。

本書を読み終わった読者諸氏はおそらく、「あの番号はなぜ入っていないのだ」「この番号にはこんな話があるのに」「この番号の本当の由来はこうだぞ」という思いを、ひとつやふたつは抱いたことだろう。何しろ番号の世界は広大無辺であり、本書で取り上げられなかった重要な番号類、未発掘のエピソードや重要な事例も山のようにあるはずだ。それらを集成した「番号大事典」なども世の中にあってしかるべきと思うし、ぜひ読んでみたいものと思う。まあ筆者はもう疲れたので、執筆はどなたかにお任せしたいが。

古くから、この世は混沌と秩序の戦いであるという見方がある。自然法則の教えるところによれば、秩序は放っておけば必ず崩壊へ向かうものであり、秩序を保ちたければ外部から手間とエネルギーを注ぎ続けるしかない。いわば、混沌へ向かうという自然の大原則に逆らうことで、人類はここまでの文明を築き上げてきた。とすれば、物品と情報を整理し、秩序立てるための道具である番号は、人類が神と戦うための武器であるともいえよう。そしてその番号は、終章で見たようにまだまだ進化の余地を残しているものと思う。

と、何だか馬鹿みたいな大風呂敷になってしまった。この面倒な本の内容確認に尽力していただいた、編集者及び校正担当者に深い感謝の念を捧げつつ、ここで筆を擱かせていただく。

二〇二〇年六月　佐藤健太郎

参考文献

『電話帳の社会史』田村紀雄、NTT出版
『電話番号のはなし』菱沼千明、電波新聞社
『日本人とてれふぉん―明治・大正・昭和の電話世相史』西林忠俊、NTT出版
『郵便番号解説』郵政省（非売品）
『新郵便番号制マニュアル』郵便局（非売品）
『知れば知るほど面白い鉄道雑学157』杉山淳一、リイド社
『国道の謎』松波成行、祥伝社
『大研究　日本の道路120万キロ』平沼義之、実業之日本社
『旧制高校物語』秦郁彦、文藝春秋
『番地の謎』今尾恵介、光文社
『地名の謎』今尾恵介、新潮社
『ベースボールマガジン』二〇〇六年夏季号、二〇〇九年一月号、二〇一〇年五月号、ベースボール・マガジン社
『プロ野球は「背番号」で見よ！』小野俊哉、光文社
『背番号10―サッカーに魔法をかけた名選手たち』アンドレ・リベイロ他、白水社

参考文献

『ヨハン・クライフ自伝 サッカーの未来を継ぐ者たちへ』ヨハン・クライフ、二見書房
『知っておきたいバーコードの知識』平本純也、日本工業出版
『NDCへの招待─図書分類の技術と実践─』蟹瀬智弘、樹村房
『図書分類からながめる本の世界（JLA図書館実践シリーズ16）』近江哲史、日本図書館協会
『スプーンと元素周期表』サム・キーン、早川書房
『元素周期表パーフェクトガイド』元素周期表パーフェクトガイド編集チーム編、誠文堂新光社
『天文年鑑』天文年鑑編集委員会編、誠文堂新光社
『音楽（クラシック）エピソード面白全集』武川寛海、芸術現代社
『モーツァルトを「造った」男─ケッヘルと同時代のウィーン』小宮正安、講談社
『日本放送史　上・下』日本放送協会放送史編修室、日本放送出版協会
『図解・テレビの仕組み 白黒テレビから地上デジタル放送まで』青木則夫、講談社
『コンピュータクロニクル』高橋茂、オーム社
『パーソナルコンピュータ博物史』京都コンピュータ学院KCG資料館、講談社
『個人情報を守るために～瀕死のプライバシーを救い、監視社会を終わらせよう』佐藤文明、緑風出版
『「マイナンバー」が日本を壊す』斎藤貴男、集英社インターナショナル

※本書は、「新潮45」（二〇一七年一月号～二〇一八年一〇月号）に連載された「謎解きナンバリング」に加筆修正を施し、さらに書き下ろしを加えたものです。

佐藤健太郎　1970（昭和45）年兵庫県生まれ。東京工業大学大学院理工学研究科修士課程修了。医薬品メーカーの研究職を経て、サイエンスライター。著書に『医薬品クライシス』『炭素文明論』など。

Ⓢ新潮新書

873

番号《ばんごう》は謎《なぞ》

著　者　佐藤健太郎《さとうけんたろう》

2020年8月20日　発行

発行者　佐　藤　隆　信

発行所　株式会社新潮社

〒162-8711　東京都新宿区矢来町71番地
編集部(03)3266-5430　読者係(03)3266-5111
https://www.shinchosha.co.jp

印刷所　株式会社光邦

製本所　株式会社大進堂

ISBN978-4-10-610873-0 C0236

価格はカバーに表示してあります。

Ⓢ新潮新書

348
医薬品クライシス
78兆円市場の激震
佐藤健太郎

513
医療にたかるな
村上智彦

820
ケーキの切れない非行少年たち
宮口幸治

863
バカの国
百田尚樹

856
私の考え
三浦瑠麗

開発競争が熾烈を極めるなか、大型新薬が生まれなくなった。その一方で、頭をよくする薬や不老長寿薬という「夢の薬」は現実味を帯びる。最先端の科学とビジネスが織りなすドラマ！

医療費をムダ遣いする高齢者、医療崩壊を捏造するマスコミ……財政破綻の夕張市に乗り込んだ医師が見た真実とは？　この国の未来を喰いものにする「ごまかし」を暴く。

認知力が弱く、「ケーキを等分に切る」ことすら出来ない――。人口の十数％いるとされる「境界知能」の人々に焦点を当て、彼らを学校・社会生活に導く超実践的なメソッドを公開する。

増殖するバカを笑ってばかりもいられない。いまや彼らがこの国を侵食しつつあるのだ。ベストセラー作家が放つ「怒りの鉄拳」123連発に、コロナ禍を受けた書き下ろしを緊急収録。

「人生は一回限り。人間、迷ったら本音を言うしかない」常に冷静に、建設的に言論活動を続けてきた著者が、政治について、孤独について、人生について、誠実に向き合った思索の軌跡。

Ⓢ新潮新書

866
人間の義務
曽野綾子

病や戦争、事故や災害……意外性の連続の中で、人が今を生きていられることは、本来、ドラマでさえあるはずだ。「一生は今日一日の積み重ね」など、21篇の人生哲学。

861
美術展の不都合な真実
古賀太

入場前から大行列、一瞬だけ見る「屈指の名画」、お土産ショップへ強制入場――「美術展ビジネス」の裏事情を元企画者が解説。本当に観るべき展示を見極めるための必読ガイド。

865
令和の巨人軍
中溝康隆

61歳の若大将、史上最高の遊撃手、待望の生え抜き4番……いつだって"今"の巨人軍が一番面白い！　当代一のウォッチャーがその魅力をアップデートする、新しいジャイアンツ論。

862
歴史の教訓
「失敗の本質」と国家戦略
兼原信克

なぜ戦前の日本は、大きな過ちを犯したのか。「官邸外交」の理論的主柱として知られた元外交官が、近代日本の来歴を独自の視点で振り返り、これからの国家戦略の全貌を示す。

864
ヤバい選挙
宮澤暁

「死んだ男」が立候補した都知事選、村民二百人が一斉出馬した村長選――。「問題候補者」の真の狙いは？　開票結果は？　選挙マニアが発掘した「我らが民主主義制度」のヤバい事件簿。